GERD SCHMALBROCK
UND FÜHRTEN UNS IN VERSUCHUNG
Über das Wesen und Unwesen intellektueller Verführer

„Der Tadel ist das besondere Vergnügen
der Intellektuellen;
sie machen alles schlecht, weil sie es
nicht gut machen können".
(K l e o n , einer der bekanntesten demokratischen
Staatsmänner Athens um 425 v. Chr.)

VERLAG IKC PRESSE GLADBECK

Internationale Standard-Buchnummer

ISBN 3 921278 00 7

Erste Auflage 1973

Copyright 1973 by ikc Presse Gladbeck. Alle Rechte, insbesondere das Recht der Übersetzung und der fotomechanischen Wiedergabe, oder auszugsweiser Nachdruck, bleiben vorbehalten.
Gesamtherstellung: Rhein-Nahe-Druckerei, Dr. Bruno Raupach oHG, 653 Bingen, Rhein 1, Schloßstr. 2

SIE MACHEN SICH KEINEN BEGRIFF!

„Das Wort ‚intellektuell' wird vielfach zur Bezeichnung für eine rein verstandesmäßige Haltung gebraucht. Unter einem ‚Intellektuellen' versteht man jedoch auch den Vertreter eines rein geistigen Berufes; zum Beispiel einen Schriftsteller".

So steht es in Knaurs Jugendlexikon. Das kam in einer Auflage von weit über einer Million Exemplaren heraus. Was klärt diese Erklärung? Ist jeder Vertreter eines rein geistigen Berufes ein Intellektueller? Das ließe sich widerlegen! Denn wir bezeichnen Böll und Grass als Intellektuelle, nicht aber Hermann Hesse und Reinhold Schneider. Warum? Was machte Tucholsky zum intellektuellen Schriftsteller und Gerhard Hauptmann nicht? Wieso gelten Heinrich Heine und Ludwig Börne für Intellektuelle, nicht aber Goethe und Schiller? Jeder empfindet Stockhausen als einen intellektuellen Komponisten, bei Jan Sibelius empfindet er das nicht.

Wer stand noch nie in einer modernen Kunstausstellung vor einem Haufen Dreck, dazu auseinandergerissene Luftpumpen? Der Künstler dieses unfaßbaren Kunstwerkes hieß Professor Joseph Beuys, ein Intellektueller. Die Plastik am Eingang der Ausstellungshalle ist vielleicht ein Werk Georg Kolbes oder Rodins gewesen, das uns begeisterte. Jedoch diese Künstler gelten nicht für intellektuell. Ist ihre Geisteshaltung darum nicht verstandesmäßig rein gewesen?

Wir gehen ins Theater, sehen Lessings Tragödie Emilia Galotti. Lessing galt in seiner Zeit als ein kritischer Geist, doch im Gegensatz zu Voltaire nicht als Intellektueller. Wir gehen wieder ins Theater, sehen und hören ein Sprechstück von Peter Handke. Die Kritik kommt vordergründig, zieht keine Spuren, bleibt neckische Spielerei mit Effekten, die oft schon vor der Wiederholung Langeweile erzeugt. Hochgradig intellektuell ist auch Zadek, Intendant des berühmten, für manche nur berüchtigten Bochumer Schauspielhauses, der öde marxistische Sprechstücke durch aufwendige Kulissen erträglich machen will. Eine Kulisse vermag jedoch nicht den Mangel an Dramatik zu ersetzen. Vieles, was uns heute auf der Bühne, im Fernsehen oder in Museen zugemutet wird, ist nicht nur geistlos, es ist faustdicker

Kitsch. Wer's sagt, bekommt zur Antwort, daß dies Absicht sei. Warum sollte das einen Unterschied machen, ob Kitsch mit Absicht oder ohne Absicht Kitsch ist? Wir sehen, mit was für einen heiklen Begriff wir es zu tun haben — I n t e l l e k t u e l l e ! Was machte Ulrike Meinhoff *) zur Intellektuellen und Konrad Adenauer nicht? Beide betrieben Politik. Die Meinhoff nannte Adenauers Politik ‚provinziell', ihre eigene war der Gipfel des Provinziellen. Wir sehen, der Begriff ‚Intellektueller' ist strittig. Können wir uns das erlauben?

Sitzen wir vor dem Fernsehschirm, sind wir dem Quark der Intellektuellen ausgesetzt. Die ‚Merseburger' ziehen auf! Gehen wir ins Theater oder ins Museum, blättern beim Frisör in Illustrierten, lesen Nachrichtenmagazine oder Zeitung, hören einen Vortrag oder eine ‚fortschrittliche' Predigt, immer stoßen wir auf die verführerischen Anschauungen der Intellektuellen. Nirgends entgehen wir ihnen, nicht an der Universität, nicht vorm Transistorradio. Der Intellektuellen Einfluß wächst. Sie manipulieren unsere Meinung nach Strich und Faden. Sie verführen uns zum intellektuellen Mitläufertum. Ist das gefährlich oder harmlos?

Immer mehr junge Leute suchen sich als Vorbild Intellektuelle. Was aber bedeutet dieses Wort — i n t e l l e k t u e l l ? Wir müssen es herausfinden!

DIE ZERSTÖRUNG DER KUNST

Immer wieder hören wir Intellektuelle von der R e s t a u r a t i o n sprechen, die in der Bundesrepublik Deutschland stattgefunden habe. Das begann 1965 als der Schul- und Kulturdezernent von Nürnberg, Hermann Glaser, das Buch ‚Die Bundesrepublik zwischen Restauration und Rationalismus' verfaßte. Im selben Jahr brachte der Chefredakteur von Radio Bremen, Harry Pross, sein Pamphlet heraus ‚Dialektik der Restauration'. Altsozialist Eugen Kogon beklagte gar schon im März 1952 ‚Die Aussichten der Restauration'. Er

---

*) Bis 1968 nannte sie sich „Meinhoff". Sie hieß gleichzeitig Röhl. Nach ihrer Scheidung von ‚Konkret'-Herausgeber Klaus Rainer Röhl nennt sie sich „Meinhof". Ich halte mich in diesem Buch bewußt an den erstgenannten Namen.

schrieb: „Die Restauration in der derzeitigen kontinentaleuropäischen Politik entspricht genau unserem gesellschaftlichen Zustand und durchaus nicht seinen Notwendigkeiten. Sie ist eine Politik der überlieferten Werte, Mittel und Denkformen, der scheinbaren Sicherheiten, der Wiederherstellung bekannter Interessen, soweit es nur möglich ist, eine Politik des Mangels an Vorstellungskraft — die einzige Politik im Bereich der Freiheit, die eine Gesellschaft ohne Erneuerungskraft von Klassen, Nationen oder Kirchen hervorbringen kann, obgleich doch die Notwendigkeit zutage liegt, alle Bereiche der Wirklichkeit auf eine ihnen gemäße Ordnung hin zu erneuern und nicht, sie in alter Weise wiederherzustellen".

Restauration heißt Wiederherstellung. Wie konnte dieser Begriff abwertend werden? 1945 wurde darüber geklagt, wie weitgehend Hitler die rechtsstaatliche Grundordnung der bürgerlichen Gesellschaft zerstörte. Dann behaupteten Intellektuelle, die Wiederherstellung der alten Wertbegriffe von Rechtsstaatlichkeit, Freiheit und Eigentum, von Sittlichkeit und ästhetischem Kunstverständnis sei verderblich und bedeute nur die Wiederherstellung des Hitler-Staates. Widersprüche, über die niemand nachdenkt!

Wer Kataloge deutscher Kunstausstellungen der ersten Nachkriegsjahre durchblättert, findet die Zersetzungskunst, die wir als ‚Moderne Kunst' zu bezeichnen uns gewöhnten, kaum vertreten. Auf der Ausstellung westdeutscher Maler 1948, veranstaltet vom Folkwang Museum Essen, das in der Zeit vor 1933 die größte Tradition in ‚Moderner Kunst' besaß, sah man nur naturalistische bis impressiv naturalistische Bilder von künstlerischer Aussage und Innerlichkeit, die die erschütternden Erlebnisse der letzten Kriegsjahre und ersten Nachkriegszeit wiedergaben. Das war damals keine Zeit für Verspieltes, und Verschrobenheit galt noch für verschroben! Ästhetisches Empfinden fehlte keinem dieser Künstler. Sie suchten die Restauration deutscher Kunsttradition. Manieristen wurden geduldet, aus einem falschen Schuldgefühl heraus sogar wohlwollend behandelt. Als sie später die Vorherrschaft erlangten, tyrannisierten sie jeden Künstler, der sich noch zur ästhetischen Kunstauffassung bekannte, erklärten ihn zum Unkünstler. Bestrafte Toleranz! Welche Lehre wird daraus gezogen?

Warum ist in den ersten Nachkriegsjahren Restauration lebensnotwendig gewesen, und nicht, wie Kogon, Pross und die anderen Intellektuellen behaupten, ein Regiefehler? Weil den Menschen jener Zeit das Wort ‚Wiederaufbau' alles bedeutete! Wiederaufbau hieß

Hoffnung, Lebenssinn, Zukunft. Wiederaufbau bedeutete, daß man die Not, unter der die Menschen litten, verdrängen könne. Man wollte wieder frei werden — frei von Hunger, frei von Obdachlosigkeit und der Kälte im Winter, frei von Arbeitslosigkeit und von Mangel an Schönem. Das wäre entwicklungsgeschichtlich unmöglich gewesen, 1948 in Deutschland zersetzende, und das heißt ‚intellektuelle' Kunst durchzusetzen oder auch nur vorzuführen! Denn der Intellektuelle bedarf, um sich entwickeln und verbreiten zu können, des feuchtwarmen Wohlstandsklimas, wie zur Zeit der Jahrhundertwende, als die Kubisten auftauchten, oder in den zwanziger Jahren, als jede Woche ein neuer Kunststil ‚kreiert' wurde, oder in den sechziger und siebziger Jahren mit der sogenannten ‚Protestkunst'. Am Ziel menschlicher Wünsche angelangt, dem Mangel an Not, wächst die Problemlosigkeit zum Problem. Dann kommen die intellektuellen Notfinder, die sagen: „Etwas Besseres als den Wohlstand findet Ihr überall. Kommt mit und helft ihn zerschlagen!"

Musterbeispiele für intellektuelle Kunst in der Zeit nach 1945 gibt uns Joseph Beuys, der 1961 zum Professor für Bildhauerei an die Staatliche Kunstakademie in Düsseldorf berufen wurde. Obwohl er endlich 1973 als unhaltbar entlassen werden konnte, dürfte seine Rolle als Verführer nicht ausgespielt sein, sondern er wird mit neuen Mißförmigkeiten zurückkehren. Beuys gab viele Interviews, wir brauchen ihn nur zu zitieren um seine Absichten erkennbar zu machen. Rolf Gunter Dienst sprach mit ihm 1970 und sagte, daß die totale Entgrenzung des Begriffes Kunst zu einer gewissen Labilität und Schwammigkeit geführt habe, die man nicht mehr fassen könne. Darauf Beuys: „Sicher ist es ernst zu nehmen, wenn Sie sagen, daß alles schwammig wird. Aus diesem Grunde bemühe ich mich immer zu differenzieren, zum Beispiel wenn ich bekenne, daß es sich um einen Trick handelt, nicht Trick im Sinne einer Verfälschung, sondern es handelt sich um einen Trick, damit auch andere diesen Trick anwenden. Es ist Unsinn, wenn ich versuche, den Kunstbegriff, wie wir ihn aus der Vergangenheit kennen, zu erweitern. Dann ist damit nichts anderes getan als die Aufforderung an die gegeben, die in anderen Lebensbereichen stehen, zum Beispiel Wissenschaft betreiben, oder die sich mit Wirtschaftsproblemen, mit Recht oder Politik befassen, ihrerseits ihren Begriff zu erweitern, was auch dringend notwendig ist. Die ganze revolutionäre Bewegung befaßt sich damit, indem sie fordert, daß sich alles mögliche erweitert".

Der Gedankensprung: die Kunst darf sich nicht erweitern, damit sich alles übrige erweitern kann, ist blanke Gaukelei! Solches verstandesmäßig gar nicht zu erfassende Scheindenken entspringt einer ideologischen Geisteshaltung, oder, was dasselbe ist, dem Intellektuellen. Man denkt nicht, um zu Erkenntnissen zu gelangen und die Wahrheit zu finden, denn man glaubt, die Wahrheit in seiner Ideologie schon zu besitzen und schließt sein Denken in ihr ein. Spürt man auf, was Manieristen an verstiegener Scheinweisheit von sich geben, so kann man den Grad ihrer Intellektualität nachmessen — vom dreisten Dahergaloppieren, das sich den Teufel drum schert, wie lächerlich es wirkt, bis hinunter zur verzagten Ratlosigkeit, in der sich der werdende Intellektuelle unsicher zwischen den Dogmen der Torheit bewegt und sich mit der törichten Vermutung quält, daß höhere Weisheit darin enthalten sein könne, die ihm nur aus Mangel an Gnade noch nicht teilhaftig wurde. Manche dieser Halbintellektuellen bleiben auf immer vernagelt. Nicht Beuys! Er sagt: „Ich versuche, durch die Kunst auf das andere aufmerksam zu machen, was meines Erachtens auch zur Kunst gehört. Das ist zum Beispiel in unserer Zeit das, was man unter Politik versteht. Ich möchte ein Licht auf das werfen, was Politik in unserer Zeit bedeutet und was Politik in der Zukunft sein müßte. Durch meine Plastiken und was ich parallel zu sagen versuche, wird etwas beleuchtet, was früher nicht zu dem Begriff Kunst gehört hat, was aber heute dazu gehört. Ich habe ja die Formel geprägt, die ich immer wieder unter Beweis stellen kann, daß Kunst gleich Mensch ist, daß Kunst alles ist oder daß j e d e r Künstler ist".

Niemand vermag eine Bieridee selbstsicherer zu vertreten als Beuys! Doch den Beweis, daß Kunst gleich Mensch sei, blieb er schuldig. Stattdessen bewies er uns, daß Antikunst Vermessenheit erfordert, weil sonst aus ihr nichts wird, ebensowenig wie aus Antipolitik, Antiordnung, Antimode, Antiliteratur ohne Vermessenheit etwas werden kann. Dieser Zwang zur Vermessenheit wird Intellektuellen zur Manie. Zur Neutralisierung eines ihnen unerträglich gewordenen Minderwertigkeitsempfindens müssen sie sich über alles erhaben fühlen. Wer sich der Mitarbeit verweigert — ist ein moderner Mitarbeiter! Wer die Kunst zerstört — ist ein moderner Künstler! Wer die Ordnung zerstört — schafft eine moderne Ordnung! Wer abbaut gilt für einen modernen Aufbauer! Wer das sittliche Empfinden zersetzt, schafft eine moderne Sittlichkeit! Wer gegen Diktatur ist, muß die Diktatur des Proletariats wollen die eine Parteidiktatur ist! Wer solche Torheiten als Weisheit begreift, ist ein moderner Weiser. Wer was dagegen vorbringt, muß sich von Banausen Banause schimpfen lassen. Denn nur wer sich charakterlos jede Tendenz zunutze macht, gilt für den ewig modernen Charakter. Wer etwas dagegen vorbringt, das als Wissen unerwünscht ist, gilt für unwissend. Wer, seinem Gewissen folgend, einen Betrug Betrug nennt, den schimpft man einen gewissenlosen Reaktionär. — Heißt das, daß die zur Herrschaft gelangten Intellektuellen die Revolution für schon vollzogen betrachten? Geht es ihnen nur noch um die endgültige Vernichtung des Gebildeten? Wir müssen es annehmen!

Damit niemand dieser intellektuellen Inquisition durch Schweigen oder Ducken entwischt, fordern intellektuelle Antikünstler unseren Einspruch heraus. Beuys sagte: „Die Irritation ist sehr wichtig. Wenn eine Aktion von mir bewußt gemacht ist und ich mich bildnerischer Mittel bediene, mit Plastiken, also mit Zeichen hantiere oder mit ganz komprimierten Aggregaten, erreiche ich das Publikum oft im Sinne einer Irritation. Irritation ist in gewisser Weise ein Gegensatz zur Indifferenz. Man kann sagen, Irritation und die Indifferenz sind Gegensatzpaare. Ein Mensch, der indifferent ist, wird irritiert, und der Irritationsvorgang ist der auslösende Faktor. Entweder bleibt es bei der Irritation, dann fängt man unter Umständen an zu schimpfen: Was soll das? Für d i e Menschen bleibt dann nur der Irritationscharakter bestehen. Sie fragen nicht weiter nach, was ich meine, schauen sich die Sache nicht lange genug an und kennen natürlich auch nicht die Vorstufen. Ich bin ganz zufrieden, wenn ich erst einmal die Irritation auslöse. Irritation spricht alle möglichen Kräfte an. Die Menschen sind deswegen irritiert, weil ihr intellektuelles Denken den Dingen gegenüber einfach nicht mehr stimmt. Auf einmal werden ihre Gefühle berührt, die sie sonst auszuschalten versuchen. In dem Moment werden sie spontan angesprochen. Dann reagieren sie so, daß ich genau spüre, jetzt ist ihr Gefühlszentrum, ihre Seele, irritiert, jetzt ist ihr Willensdepot aktiv".

Sie wollen herausfordern, Ärgernis geben! Nicht Kritik stört sie, denn die wehrt man ab, mag sie noch so sachlich begründet sein. Den Kritiker erklärt man für einen Menschen, dessen Denken, weil nicht intellektuell, den Dingen gegenüber nicht mehr stimmt. Was sie stören würde wäre Schweigen und Abkehr von ihnen. Damit jedoch die Unwillenerregung niemals aufhört, helfen die intellektuellen Genossen von der Tagesschreibe und von der Antiliteratur mit. Sie spielen sich die Ämter und Würden zu, teilen sich gegenseitig Lob und dicke Geldpreise aus, hätscheln sich herauf, vernichten wirkungsmäßig den ästhetisch empfindenden Künstler oder den humanistisch gebildeten Schriftsteller. Die Antipersönlichkeit kommt als Persönlichkeit zu Ansehen! Niemand vermag mehr durch moralisches Beispiel oder durch schöpferische Leistung hervorzutreten. Agitation gilt mehr! Das Häßliche im Menschen wird zum Guten. Unsittlichkeit gilt für ehrbar, Geschmacklosigkeit für mustergültig, Verrücktheiten zeugen von klarem Verstand! Wen es unter solchen Vorzeichen nach oben spült, der muß sich in verschraubter, widersprüchlicher Rede auslassen, die oft nur aus einer Reihung von Gemeinplätzen besteht und Bildung vortäuschen soll. Da sagte der Professor an der Kunstakademie Karlsruhe, Horst Antes, als er sich von den Zeichnungen Geisteskranker hingerissen fühlte: „Die zeitgenössische Malerei existiert ja in einem gemeinsamen Raum. Man ist immer in einem Dialog. Man sitzt ja auch in einem gemeinsamen Boot. In der zeitgenössischen Malerei hat das Gespräch eine ganz andere Form. Wenn ich etwas gebrauchen kann bei einem zeitgenössischen Maler, dann nehme ich mir das".

Manieristische Kunst lebt vom Neuheitswert ihrer Effekte. Darum sind ihre Künstler ständig unterwegs, möglichst viele Ausstellungen zu sehen, um herauszufinden, was an Effekten auf dem Markt ist und was man für sich gebrauchen oder abwandeln kann und welchen Einschlag die Antikunstbörse gerade nimmt. Börsenspekulanten auf der Messe für Antikunst! Dadurch zieht manieristische Kunst ihre Kreise und fällt immer wieder auf dieselben Tricks zurück. Man sieht heute ‚neue' Collagen, die schon vor sechzig Jahren genauso gemacht wurden. Klamottenkiste des Schunds! Die Möglichkeiten der Antikunst bleiben beschränkt. Antikunst ist unschöpferisch. Denn man kann die Kunst nur bis in den Keller abtragen und ihr die letzten Fundamente nehmen. Aufbauen und Entwickelbares schaffen kann Antikunst nicht. Sie lebt von der Substanz. Sie zehrt sich selbst auf.

Wie kam es dazu? Alles, was in den letzten Jahren der Not wichtig gewesen, die Menge der Kohlenförderung, der Wiederaufbau, die Höhe der Ausfuhr, die Einfuhrgenehmigung, das wurde mit den fünfziger Jahren allmählich belanglos. Kaum daß sich heute noch jemand der Not erinnert, die für Deutschland darin bestand, daß es mehr einführen mußte als es ausführen konnte. Was nach 1955 die Masse noch ansprach, das waren Wunderdinge, Phänomene, Raritäten, fliegende Untertassen, danach Brutalitäten, heute Perversitäten. Die Wirtschaftsleistung wurde zum Wirtschaftswunder, die Bauleistung zum Bauwunder. Die Kunst stand in den fünfziger Jahren abseits vom ‚Wunder', machte in den Zeitungen keine Schlagzeile, ergab in den Illustrierten keine Bildserie. Die Künstler standen im Winkel der Wohlstandsgesellschaft. Vorbei die Zeit, als sich die Menschen nach Wissen drängten und in Scharen die Kunstausstellungen besuchten! Für den Künstler wurde die Versuchung groß, aus den Räumen leergewordener Kunstausstellungen auszubrechen, auf den Markt zu gehen und in das große Geschrei einzustimmen, bei denen die Dümmsten den größten Ruhm abbekamen. Sensation! Sensation! Die Frau ohne Unterleib! Zerschlagt die Kunst durch Antikunst! Verekelt das ästhetische Kunstempfinden und zündet alle Museen an! Verherrlicht die Latrine, malt den Menschen ohne Haut! Hereinspaziert, sie sehen den größten Schaum der Welt! Zeigt den blöden Weibern auf der Straße den nackten Arsch und ihr kommt in die Zeitung! Das Publikum ist doof, wir sind die einzigen die zählen! Mögen die Leute über uns lachen, mögen sie doch schockiert sein, die Hauptsache ist, daß sie über uns sprechen!

So steigerte man sich in den Irrsinn. Die Gesellschaft kam in die Wechseljahre, kriegte vor der Zeit Runzeln, und aus der Vergreisung wucherten die Intellektuellen mit ihren altklugen Hängeköpfen. Sie heben zu sprechen an und befinden die Gesellschaft für krank, merken nicht, daß sie von allen die kränklichsten sind, empfehlen Zerstörung als Wunderkur, Zersetzung als Heilmittel — was für Lösungen! Ist man nicht glücklicher gewesen als man arm war? Fast erscheint es so! Doch dieses Glück beruhte allein auf der Gewißheit, eine Zukunft zu haben. Wer wagt das heute noch zu hoffen?

Aufgabe des Künstlers wäre gewesen, durch künstlerisches Schaffen zeitloser Werke dem modischen Seichtsinn der Wohlstandsgesellschaft entgegenzuwirken. Denn warum ist diese Gesellschaft krank? Weil sie sich einen Restbestand sittlicher Ordnung bewahrte? Weil sie sich noch weigert, ganz zu verwildern und die Moral auch von rechtswegen abzuschaffen? Diese Gesellschaft ist krank, weil zuviele Emporkömmlinge ohne Erziehung, Kultur und Sittlichkeit das Trachten und Denken bestimmen und mit ihren Verführungskünsten den Ton angeben! Welche Bedeutung könnte Kunst für die moralische Bildung des Menschen haben, wäre sie nicht den Scharlatanen zum Opfer gefallen! Kunst kommt von Können und nicht von Konjunktur, von Gelegenheitsversuch und von Marktschreierei! Stattdessen verschlampten die Künstler schneller als der große Haufe. Machwerke wurden Kunst. Nicht die künstlerische Hochleistung findet öffentliche Beachtung, sondern der jeweils verrückteste Anspruch auf Kunstwert.

Das Künstliche braucht, um zu wuchern, der ständigen Veröffentlichung. Zeiten manieristischer Kunst setzen die Vorherrschaft der Intellektuellen voraus, die über den gesamten Apparat verfügen müssen — Fernsehen, Presse, Illustrierte. Nur unter dieser Voraussetzung können sie die Leute soweit kirre machen, daß sie eine Gummibrust für ein Kunstwerk ansehen oder darin unsicher werden, ob nun Kunst oder Antikunst Kunst sei.

ANFANG VOM ENDE

Im Jahre 1945 brach die deutsche Geschichte, brach, wie wir heute wissen, die Geschichte Europas. Damals, umgeben von den Trümmern unserer Zivilisation, von schrecklichen Erlebnissen gequält, doch vor Not wach, gewillt, aus der politischen Unmündigkeit und Rechtlosigkeit des Verlierers, aus der leidenschaftlichen Hoffnung, aus Dunkelheit und Kälte zu Wärme und Licht zurückzufinden, glaubten die Deutschen an einen neuen Anfang und an Heilung der Wunden, wußten, daß dies nicht das Ende sein könne. Die Größen der Niederlage, die nur darum überragten, weil alles übrige am Boden lag, sprachen gar von der Stunde Null. Mochten sie ihre Stunde nutzen, die einzige ihres kleinkarierten Daseins, im neuen Messen der Kräfte und des Könnens würden sie bald dorthin zurückverwiesen, wohin sie ihrem Gewicht nach gehörten!

Es gab in Deutschland einen Wiederaufbau. Nicht nur den der Industrie und des wirtschaftlichen Lebens, es gab auch einen Wiederaufbau der Kultur, sich aufrichtend an den wertvollen Traditionen und reichen Kraftquellen deutschen Geisteslebens. Beglückt erkannten wir, wie die brutale Zerstörung nur oberflächlich geblieben und der Schutt nichts erstickt hatte. Wie aber konnten wir dahin kommen wo wir heute stehen — wie konnten wir aus dem materiellen Nichts ins geistige Nichts verfallen? Städte lassen sich wiederaufbauen, Wunden heilen, aber eine vorsätzlich zerstörte Kultur schafft unfruchtbares Ödland, auf dem der Mensch geistig verkümmert.

Ein Jahr Null, das auf Lügen baut, aus den dämonischen Rückständen einer psychologischen Kriegführung des Siegers, gibt der Philosophie keinen Ansatz zu einem richtungweisenden Denken. Das wurde übersehen. Einige hofften, alles werde sich wie von selbst wieder einrenken, stellten sich die historische Wahrheit wie das Fettauge in der Suppe vor, das von selbst zur Oberfläche zurückfindet, so oft man es zerteilt und aufzulösen versucht. Doch die Wahrheit ist kein chemisches Element, sondern ein geistiges, und eine Lüge, die für nützlich erachtet wird, mag sich lange als Wahrheit geben, kann, wenn erst Jahrhunderte darüber hinweggegangen, zur Gewohnheit werden. Wo dann die Fälschung einmal bröckelt, gibt man ihr einen neuen Putz.

In welch hohes Alter konnte allein die Lüge von der Reformation vorrücken, oder die Lüge von der Renaissance, nicht zu reden von den anderen Lügen, die in unsere Zeit hineinragen und mit den beiden großen europäischen Kriegen verbunden sind. Was macht historische Lügen derart haltbar? Wo ein Stück Stahl in den menschlichen Körper eindringt, bilden sich Zellen, das Fremdteilchen einzuschließen, es so in das lebende Ganze einzubeziehen. Aus demselben Grund sah man die deutsche Philosophie nach 1945 dauernd damit befaßt, abstoßbare Fremdteilchen in das lebende Ganze des Geisteslebens unseres Volkes einzubeziehen, sie für dazugehörig zu erklären, damit sie ungeprüft global für Wahrheit angenommen würden.

Aus dieser schlimmen Lage vermochte die deutsche Philosophie nur Krisenstimmung zu schaffen, nicht einmal ein Krisenbewußtsein, denn dazu hätte man, statt nur die Wirkungen zu sehen, nach den Ursachen schürfen müssen. Die deutsche Philosophie betrieb Seelenqual, half, Angst vor der Zukunft entwickeln, verbreitete ein wunderliches Schuldbewußtsein — ohne Selbstanklage! Denn niemand klagte nur sich an, bekannte nur seine Schuld, was allein ehrlich gewesen wäre, sondern spielte den selbstgefälligen Richter, auch wo man von ‚wir' sprach. Denn ‚wir', das sind immer die anderen, aus deren Masse man sich befreit, indem man sich zum Ankläger bestellt. Einzige Ausnahme machte Nicolai Hartmann, dem Verbraucher populärwissenschaftlicher Philosophie wohl kein Begriff, für die deutsche Nachkriegsphilosophie jedoch das einzige Schwergewicht. Hartmann stellte den zu Lebzeiten unbedeutenden, durch die Existenzphilosophie und die dialektische Theologie jedoch wiederausgegrabenen Sören Kierkegaard (1813—1855) als das dar, was er gewesen ist, der unseligste und zugleich raffinierteste Selbstquäler seines Jahrhunderts. Nicolai Hartmann starb 1950.

Die beiden übrigen Philosophen von Geltung verfaßten ihre grundlegenden philosophischen Schriften schon in den zwanziger Jahren, Martin Heidegger und Karl Jaspers. Jaspers genoß die philosophische Leere der Gegenwart, tummelte sich in philosophierendem Journalismus und drängte wichtigtuend Erklärungen zur Tagespolitik an die Öffentlichkeit. Zunächst belächelten die deutschen Gelehrten der philosophischen Fakultät diese unwürdigen Entgleisungen eines vergreisten Kollegen. Dann mußten sie erleben, wie dessen Philosophieersatz zur Ersatzphilosophie wurde. Schlimmer noch, die deutsche Philosophie erregte gar wieder Aufsehen, aber nicht wegen einer philosophischen Lehre, sondern wegen ihres philosophierenden Journalismus. Statt richtungweisende Gedanken zu geben, schockierten Deutsche durch ideologischen Nachvollzug des Marxismus. Die große Zeit der kleinen Rosenbergs — Max Horkheimer, Theodor W. Adorno, Herbert Marcuse. Erstaunte Leser der Konsumphilosophie erfuhren, daß die Anwendung der Gewalt das Recht der Minderheit sei. Marcuse begründete diese merkwürdige Feststellung: „denn die Gewaltanwendung einer Minderheit führt zu keiner Reihung von Gewalttaten, sondern zerbricht nur die bestehenden Herrschaftsverhältnisse". In solch geistigen Schneckenhäusern müßte auch ein Blinder das Schild wittern — ‚Vorsicht, nicht denken!' Denn wieso führte die Gewaltanwendung einer Minderheit im Rußland von 1917 zu keiner Reihung von Gewalttaten? Gehörten die Konzentrationslager und das willkürliche Töten von Menschen nicht von allem Anfang zur Geschichte der Sowjetunion und nicht erst seit Stalin? Doch Marcuse fährt fort: „Das Denken im Widerspruch muß dem Bestehenden gegenüber utopisch werden".

Marcuse und Adorno wurden in den sechziger Jahren zu den großen Verführern der studentischen Jugend im freien Teil Deutschlands, schufen den Anfang für das Ende. Kehren wir zum Ausgang des Jahres 1945 zurück! Für den kulturellen und geistigen Wiederaufbau Deutschlands bestand eine Chance. Man stand unter dem Schock der Ereignisse, stand unter der Schuldlüge und hatte öffentlich einige Pflichtübungen in Minderwertigkeitsempfindungen zu leisten. Doch die Chance lag in der schlimmen Not und in der Nähe der Ereignisse, die der Lüge weniger Nährboden gab als heute, wo der Nationalsozialismus in den Bereich der Sage entrückte, so daß niemand mehr auf den Gedanken kommt, irgendeine Aussage nachzuprüfen. Damals wußte noch jeder, daß Verallgemeinerungen über die Vergangenheit zweckdienliche Verallgemeinerungen waren, und daß vieles der Absicht entsprang, sich von einer tatsächlichen oder kollektiv zugesprochenen Schuld freizumachen.

Das in jener Zeit einzig erhalten gebliebene Mittel der Meinungsbeeinflussung stellten die Rundfunkanstalten dar. Denn Papier für Zeitungen und Bücher blieb knapp, das gab es nur auf Bezugschein. Dieser nicht einmal Goebbels gelungene Zentralismus der Volksbeeinflussung mußte schlimme Folgen zeitigen. Denn an den Rundfunkanstalten sammelten sich bald die Intellektuellen. Jetzt galt nur noch der für etwas, der vorher nichts gegolten hatte.

Als literarische Ausdrucksform nahm das Hörspiel einen wichtigen Platz ein. Dabei wurde von allem Anfang an das manieristische Sprechstück gepflegt, angeblich um einen eigenen mediengemäßen Stil zu finden, damit das Hörspiel mehr als nur gesprochenes Theater sei. Das ist es nie gewesen, denn es wurde schon immer als dramatisches Spiel handelnder Stimmen aufgefaßt, dessen szenische Umgebung durch Geräusche aufzubauen war. Doch es ging um etwas ganz anderes — um die Erziehung zum Ungeschmack, um die Ersetzung des dramatischen Spiels durch manieristische Effekte. Wer Erfolg wollte, mußte sich nach dem Zeitgeschmack ausrichten oder nach dem, was man für Zeitgeschmack von zentraler Stelle ausgab. Es war ein wohlorganisierter Bruch mit der deutschen Kunsttradition.

Unter dieser gesteuerten Manipulation mußte auch das deutsche Theater verfallen. An die Stelle der dramatischen Handlung und der künstlerischen Darstellung trat das propagandistisch-ideologische Worttheater. Ebenso erging es der Tonkunst. Rundfunkanstalten rissen sich um jedes neue Tonstück. Künstlerischer Wert gab nicht den Ausschlag, es mußte nur irgendwelche verrückten Einfälle aufweisen oder zumindest eine unangemessene instrumentale Besetzung zulassen, mußte etwa von einem Dutzend Oboen mit drei Schlagzeugen zu spielen sein. Es gab in Deutschland begabten Nachwuchs, doch der konnte erst durch Effekthascherei zu Erfolg kommen, oder Manieristen übertrafen ihn durch künstlerische Hochstapelei.

Das deutsche Volk hungerte in den ausgehenden vierziger Jahren nach künstlerischen Aussagen, um nicht an der materiellen Hoffnungslosigkeit der Zeit zu verkommen. Es verlangte nach gültiger Kunst, nach gültiger Musik. Aus dem Elend des Alltags hätte es keine Behelfskunst ertragen, die sich jenseits des ästhetischen Kunstbegriffs stellte. Ohne die Rundfunkanstalten und ihre einseitigen Begünstigungen manieristischer Tonwerke bis hin zur elektronischen Musik, würde man aus dem Repertoire heraus allmählich zu einem hoffnungsvollen Wiederaufbau gekommen sein, denn die großen Vorbilder der Vergangenheit und die harte, zur Ertüchtigung erziehende Schule für künstlerischen Nachwuchs, gaben die sicherste Garantie dafür. Doch die Intellektuellen erkannten ihre einmalige Gelegenheit. Nach dem Kahlschlag eines alten Waldbestandes, wirkt schon das kriechende Kraut wie Baum. Im Weg stand nur das wägende Urteil der an Wert gewöhnten Gebildeten.

1949 gab es sie noch, als Orffs besessene Eintönigkeit, ‚Antigonae', die er O p e r nannte, wegen ihrer Unkultur ausgepfiffen wurde. Sogar 1968 bei Orffs rhythmischem Sprechstück ‚Prometheus', auch Oper genannt, zeigten die Gebildeten noch Abscheu gegen solch gewaltsame Mache. Aber wie lange kann man dem widerstehen, wenn jeder für ungebildet verschrien wird, der humanistische Bildung zeigt? Dabei sind wir 1945 nicht arm an Komponisten gewesen! Werner Egk galt auch im Ausland als bedeutender Opernkomponist. Wohl war er Leiter der Reichsmusikkammer gewesen, hatte aber richtungweisende, moderne Opern geschrieben, wie ‚Die Zaubergeige' und ‚Peer Gynt', die 1935 und 1938 uraufgeführt wurden. Gerade das schockierte die verbohrtesten Vergangenheitsbewältiger, und die Untüchtigen sahen sich in ihrer beruflichen Existenz bedroht. Denn mit der Oper ‚Der Revisor' erzielte Werner Egk den größten internationalen Opernerfolg deutscher Nachkriegskunst. Der französische Musikkritiker Antoine Goléa schrieb, als er von den Vorwürfen gegen Werner Egk hörte: „Diese Verachtung ist nicht gerechtfertigt, denn Egk ist ein immer interessanter, lebendiger Musiker voller Ideen, reich an theatralischen und musikalischen Einfällen und von absoluter Ehrlichkeit". Damit fällte Goléa allerdings ein Vernichtungsurteil über Werner Egk, denn Ehrlichkeit in der Kunst mußte zum Makel werden als musikalische Früchtchen ihre Stunde gekommen sahen, um eintönigen Klamauk zu produzieren.

Deutschlands Konzertleben fand in Europa Bewunderung. Es wäre töricht, das nur auf das Vorhandensein großer Komponisten und Musiker zurückzuführen. Die Tonkunst bedarf der Konzertbesucher und der Bereitschaft großer und mittlerer Städte, das Kulturleben der Gemeinde zu fördern. Doch dieses Konzertleben nimmt Kompositionen nur noch aus dem Repertoire. Wie lange hält das eine Kunst durch? Wann reißt die Verbindung ab, ohne daß eine neue angeknüpft werden kann? Alles neue Musikschaffen wird in eine Richtung manipuliert, in der kein Publikum zu suchen ist. Das geschieht unter dem Vorwand, die Tonkunst zu erweitern. Die eigentliche Absicht besteht darin, die Musiktradition zu zerschlagen!

Nicht besser als der Tonkunst erging es der Dichtkunst. Wohl fand auch sie 1945 den Anschluß an die beste deutsche Kunsttradition. Denn noch gab es in Deutschland große Lyriker wie Wilhelm Lehmann und Gottfried Benn. Es fehlte auch nicht an Nachwuchs, wie Werner Bergengruen und Elisabeth Langgässer und Hans Erich Nossak. Die Intellektuellen in Deutschland schwebten in Gefahr, angesichts einer neuen deutschen Dichtkunst bereits zu Lebzeiten bedeutungslos zu bleiben. Früh begann darum die Zersetzung literarischer Qualität, daß Gottfried Benn schon 1951 in einer Rede über Probleme der Lyrik klagte: „In der allerletzten Zeit stößt man bei uns auf verlegerische und redaktionelle Versuche, eine Art Neutönerei der Lyrik durchzusetzen, eine Art rezidivierenden Dadaismus, bei dem in einem Gedicht etwa sechzehnmal das Wort ‚wirksam' am Anfang der Zeile steht, dem aber nichts Eindrucksvolles folgt, kombiniert mit den letzten Lauten der Pygmäen und Adamnesen — das soll wohl sehr global sein, aber für den, der vierzig Jahre Lyrik übersieht, wirkt es wie die Wiederaufnahme der Methode von August Stramm und dem Sturmkreis". Der gereifte Dichter Gottfried Benn rief seinen Zeitgenossen zu, daß das abendländische Gedicht immer noch von einem Formgedanken zusammengehalten werde und sich durch Worte gestalte, nicht durch Rülpsen und Husten.

Zehn Jahre später, als der Verfall noch sichtbarer wurde, verurteilte der Dichter Wilhelm Lehmann den Mangel an Sinn für die Welt und das eigensinnige Sich-in-sich-verkrampfen. „Kunst ist Oberfläche. Eingeweide bieten außerhalb der sie bergenden Haut keinen guten Anblick. Tiefe hat nur Bedeutung in der Kunst, wenn sie nach oben, in den Bereich unserer Sinne gehoben wird". Lehmann widerlegte die Torheit, das Neue um der Neuigkeit willen in der Kunst zu suchen. „Daß man heute soviel mit der Sprache experimentiert, erscheint mir unfruchtbar, da mir die Sprache, abgelöst von dem was sie bezeichnet, nichts gilt. Dichterische Sprache vollends ist nur soweit Sprache, als sie den Erscheinungen anliegt wie Haut dem Körper". In einem Werkstattgespräch mit dem Schriftsteller Horst Bienek stellte Wilhelm Lehmann die Frage: „Soll die Kunst schuld werden, daß man den Orbis pictus zertrümmern will? Die fanatische Sucht zu rufen, alles was ist, sei wert, daß es zugrunde gehe, verdirbt schon vor dem Tode das Gesicht. Ehe man das Dasein in den Ascheimer wirft, sieht man besser zu, ob man dabei nichts Kostbares verschleudert". Wilhelm Lehmann strebte, wie er selbst bekannte, keiner Welt zu, in der die Wirklichkeit sich selbst köpft. Doch nicht er, des Nachkriegsdeutschlands Dichter und Kleist-Preisträger von 1923, fand öffentliche Auszeichnung. Die Preise blieben den Zersetzungsakrobaten vorbehalten.

SEXUELLE ENTHEMMUNG DIENT DER ZERSETZUNG

Pornographie ist so alt wie jener Typ Mensch, den wir als Intellektuellen bezeichnen. Wuchert die Intellektualität, wuchert auch das Perverse. Diese kulturgeschichtliche Tatsache kann nicht ohne Zusammenhang sein!

Die Renaissance war keine geistige oder gar sittliche Wiedergeburt, sondern eine am bürgerlichen Wohlstand Italiens entstandene Verfallszeit. Die Renaissance beschränkte sich auf Italien, weil sich auch der Wohlstand und der damit einhergehende Sittenverfall auf Italien beschränkte. Das Neue, das mit der Renaissance wiederaufkam, war die Wiedergeburt der Scheinwissenschaften — Astrologie und Alchimie. Nur Reichtum zählte. Man wollte Stroh zu Gold spinnen! Es war eine Blütezeit der Intellektuellen und eine Blütezeit sexueller Enthemmung. Boccaccio schrieb im vierzehnten Jahrhundert seine hundert schlüpfrigen Geschichten, zu denen er den Stoff aus orientalischen, lateinischen und provenzalischen Quellen entnahm. Er selbst, die auswüchsige Wirkung vor Augen, bereute im Alter, das Buch geschrieben zu haben, das mit soviel Gier abgeschrieben und sechsundneunzig Jahre nach seinem Tode gedruckt wurde. Diese Verfallszeit Italiens, diesem blühendsten, freiesten Bürgerland, reichte von Buonacorsi mit seinen frivolen Aktbildnissen bis zu Agostino Carraci und seinen schamlosen Sexualdarstellungen. Danach war die Zersetzungsabsicht erreicht und Italiens Bedeutung sank in Europa wie eine ungedeckte Geldnote.

Frankreich wuchs zur geistigen und künstlerischen Führungsmacht auf, die solange unbestritten blieb, bis in der zweiten Hälfte des achtzehnten Jahrhunderts der Intellektualismus zu sprießen begann. Casanovas Memoiren, sechshundert Foliobögen umfassend und doch Fragment geblieben, enthüllten in naivstem Zynismus seiner Zeit sittliche Verkommenheit. Mirabeau, der Revolutionär, den die eigene Revolutionsbewegung köpfte, verfaßte mit Wollust erotische Literatur von ausschweifender Phantasie. Sein Zeitgenosse und Mitrevolutionär, der Marquis de Sade, dessen Revolutionsschriften heute wieder begierig gelesen werden, sollte uns mehr als Sittenstrolch in Erinnerung sein. In ein Landhaus in Vincennes lockte er Frauen, die er vor Gästen entkleidete und mit Wollust auspeitschen ließ oder denen er mit dem Messer Wunden zufügte. 1763, dreiundzwanzig Jahre alt, kam er dafür zum erstenmal für ein paar Wochen ins Gefängnis, doch von den nachfolgenden siebenundzwanzig Jahren verbrachte er wegen gleicher Vergehen nicht weniger als elf Jahre in Haft. Dort verfaßte er seine Revolutionsschriften, in denen er seinen Sozialismus soweit trieb, daß er auch das Tier dem Menschen gleichgesetzt sehen wollte. Vor allem schrieb er im Gefängnis lüsterne Schriften, in denen Frauen mit raffiniertesten Mitteln gefoltert, zerstückelt oder von Hunden zerfleischt wurden. Darum bezeichnen wir heute jede perverse, hemmungslose Triebhandlung als s a d i s t i s c h , und etwas von diesem Sadismus finden wir in der Zersetzungswut der Intellektuellen.

Wie unsinnig die Meinung ist, man brauche nur zu zersetzen, um Neuem und Schönem Raum zu geben, erkennen wir aus den Mordorgien der französischen Revolution und aus dem sittlichen Niedergang Frankreichs, aus dem es sich nie ganz erholte. So blieb Frankreich die Heimat pornographischer Literatur. Baudelaire schrieb um die Mitte des neunzehnten Jahrhunderts seine erotischen Schriften, in denen er das Häßliche und Böse verherrlichte. Deutschland brachte im achtzehnten Jahrhundert wohl einen Alois Blumauer hervor, ein abtrünniger Jesuit, der zynische Erotika verfaßte, und um die Wende unseres Jahrhunderts machte sich Otto Julius Bierbaum mit seinen schamlosen Geschichten einen Namen. Die große Zeit der Intellektuellen begann hier erst in den zwanziger Jahren, als Max Beckmann seine derben, selbstquälerischen Lüsternheiten in eine expressive Manier brachte. Otto Dix entzückte sich für das Perverse, malte es in den branstigsten Farben, George Grosz tat dasselbe aus politischer Absicht, und Karl Arnold verfaßte pornographische Darstellungen für den Simplizissimus.

Es gab geistreichere Zeiten in Deutschland als jene zwanziger Jahre, aber wenige kamen ihnen an Intellektualität und an pervers-sexueller Enthemmung gleich. Was half da ein spätes Bedauern des George Grosz, an diesem traurigen Zerstörungswerk beteiligt gewesen zu sein. Wiedergutmachen läßt sich dadurch nichts, im Gegenteil, nicht das Geständnis von George Grosz ist heute gefragt, sondern das, was er hergestellt zu haben bedauert, wird von Ausstellung zu Ausstellung umhergereicht.

Die zwanziger Jahre brachten nicht nur eine zynische Sexualenthemmung zutage, sie offenbarten sich auch in scheinwissenschaftlichen Lehren. Damals versuchte der Kurpfuscher Wilhelm Reich, der sich als Psychoanalytiker ausgab, das deutsche Volk durch sexuelle Enthemmung für einen kommunistischen Umsturz sturmreif zu machen. Reichs Schriften wurden in den siebziger Jahren in Leipzig massenweise gedruckt, um der Neuen Linken im freien Teil Deutschlands als Entwicklungshilfe zuzukommen. Wer die sonderbar perversen Entartungserscheinungen verstehen will, die sich in der Bundesrepublik Deutschland bemerkbar machen, muß Reichs Absichten kennenlernen wollen!

Wilhelm Reich floh als Marxist 1938 vor den Nationalsozialisten aus Österreich nach den Vereinigten Staaten, wo er sich mit seinen scheinwissenschaftlichen Lehren nach dem amerikanischen Kurpfuschergesetz strafbar machte und 1951 in Haft starb. Reich behauptete allen Ernstes, daß man die christlichen Arbeiter am besten gewinnen könne, indem man ihnen beweise, daß ihre Kirche eine zum Zwecke der Behinderung ihrer Sexualität aufgebaute Organisation sei. „Mit den ökonomischen und politischen Losungen erobert man nur das ohnehin schon linksgerichtete Industrieproletariat, die indifferenten Massen gewinnt man mit der Aufzeigung ihrer sexuellen Not und mit der Ausmalung eines kulturbolschewistischen Zustandes der schrankenlosen Freiheit". Der deutschen Jugend riet und rät der intellektuelle Wilhelm Reich: „Die Jugend soll sich weniger mit Politik und Kampf gegen das wirtschaftliche Element befassen und dafür eifriger der sexuellen Lust leben."

Verantwortlich fühlen sich Intellektuelle für nichts, denn ihre Lebensaufgabe heißt: zersetzen! zersetzen! zersetzen! Reichs scheinwissenschaftliches Denken als Psychoanalytiker geht auf sein ideologisches Denken zurück. Erkenntnisse werden nicht wissenschaftlich gesucht, sondern die ideologische Zweckmäßigkeit bestimmt die Erkenntnis. Vergleichen wir einmal die folgenden Aussagen miteinander! Reich: „Die Sexualhemmung verändert den wirtschaftlich unterdrückten Menschen strukturell derart, daß er gegen sein materielles

Interesse handelt, fühlt und denkt. Das ist gleichbedeutend mit ideologischer Angleichung an die Bourgeoisie". Dr. J. D. Unwin zur selben Zeit in einer Schrift der Oxforder Universitätspresse: „Jede Gemeinschaft kann frei wählen zwischen großer kultureller Energie oder sexueller Freizügigkeit. Es ist bewiesen, daß man nicht beides gleichzeitig länger als eine Generation lang haben kann".

Gewiß wäre es aufschlußreich, die Schriften Wilhelm Reichs einer neuropsychiatrischen Deutung zu unterziehen, um herauszufinden, woran er gelitten haben mag. Etwa wenn er das Hakenkreuz für sexuell derart aufreizend fand, daß er darauf den Erfolg des Nationalsozialismus zurückführt. „Der starke Reiz, den das Hakenkreuz gerade auf die zu sexueller Enthaltsamkeit gezwungenen Geistlichen ausübt, tritt ja in dieser Zeit grell ins Licht". Wes Geistes dieser Intellektuelle ist, geben uns seine Psychologiebüchlein zu erkennen: „Der durchschnittliche, politisch ungeschulte Werktätige ist schwer dazu zu bringen, besonders wenn er unter reaktionärem Gefahrendruck steht, eine wirtschaftspolitische Broschüre zu lesen, während eine Sexualbroschüre sofort sein Interesse wecken wird. Das gilt ganz besonders für den kleinbürgerlichen Angestellten und verkleinbürgerlichten Arbeiter. In Deutschland gelang es den roten Gewerkschaften mit der Sexualpolitik in Betriebe einzudringen, die für das Thema der roten Gewerkschaft völlig verschlossen waren, und zwar jahrelang."

Auch in den frühen sechziger Jahren blieben den marxistischen Gewerkschaftsfunktionären in der Bundesrepublik noch viele Türen verschlossen. Wie kam man dazu, sie sich alle zu öffnen? Mit eben demselben intellektuellen Zersetzungsmittel sexueller Enthemmung, wobei man sich den Teufel um die Folgen solchen unmoralischen Tuns schert! Wenn die Hamburger SPD-Druckerei ‚Auer' jede Woche eine Million Sex-Postillen druckt, wie ‚St. Porno' — ‚Sex Report' und ‚St. Pauli Nachrichten', so tut man es nicht darum, weil aus diesem Vier-Millionen-Mark-Parteibesitz ein Bombengewinn für die Parteikasse abfällt. Man tut es, um dieses Land und seine bürgerliche Gesellschaft für die Sowjetisierung reif zu machen. „Die Probleme der Sexualität sind unser Einstieg für die Politisierung der Schüler gewesen," sagte ein ehemaliger Bundesvorsitzender des SDS. Für Italien konnte der Osservatore Romano 1970 dasselbe feststellen: „Das Vorrücken der sexuellen Revolution traf mit dem der Sozialdemokratie zusammen".

Verheerend bleibt dabei, daß intellektuelle Publizisten für sich immer das Mäntelchen der Wissenschaftlichkeit suchen. So Oswald Kolle, der sogar als ‚Eheforscher' bezeichnet wird. Dieser Schreiber wurde durch eine Menge Sexualbücher bekannt, die er ‚Aufklärungsschriften' nannte, und die danach verfilmt wurden und als ‚Aufklärungsfilme' durch die Lichtspieltheater gingen. Dabei ging es Kolle nie um eine wissenschaftliche Aufklärungsarbeit, sondern stets um seine Intellektuellenpflicht des Zersetzens. In ‚Konkret' vom 9. April 1970 verriet Kolle seine wahre Absicht: „Ich habe immer gesagt, ich zeige meine Filme nur, um die Ehe zu retten. Aber es war ein Trick, mit dem ich die Zensoren überrannt habe. Wir werden zu einer großen Diskussion über sexpolitische Fragen kommen". Das ist die Absicht — sexuelle Enthemmung zur Durchsetzung ideologischer Ziele herbeizuführen! Schon Lenin lehrte: „Interessiert die Jugend an Sex und ihr bekommt sie an die Hand!" Die Partner, mit denen die deutsche Bundesregierung unter Brandt verhandelt, die Kommunisten, dürfen seit 1970 ungehindert Zersetzungsliteratur an unsere Schuljugend verteilen, wie das Haschbuch ‚stoned'. Niemand fühlt sich in diesem sonderbar gewordenen Staat Bundesrepublik Deutschland für die Duldung solchen Unwesens verantwortlich! Mit dem Aufruf: „Zerschlagt den Staat mit dem Joint in der Hand!" wird eine manieristisch bebilderte, 35 Seiten umfassende Schrift kostenlos an Jugendliche verteilt, die Anleitungen erhält, wie man sich Haschisch selbst züchten kann und wie man eine Pfeife zum Pur-Rauchen des ‚shits' zubereitet.

„Weniger kommt es darauf an, daß du 1 500 Gramm Gehirnmasse im Kopf hast als vielmehr darauf, diese richtig zu gebrauchen. Und genau dazu ist Haschisch ein gutes Mittel! Es fallen keine natürlichen Hemmungen weg wie beim Alkohol, sondern nur die unnatürlichen. Du befreist dich vom Zwang bürgerlichen Denkens. Was ‚man' tut steht ganz neu vor dir und du betrachtest alles mit unschuldigen Kinderaugen, und alle Dinge haben eine neue, wahrhaftere Realität für dich. Sie zeigen sich wie sie sind, losgelöst von deinen zufälligen Erfahrungen mit ihnen und dein Verstand arbeitet, arbeitet richtig und dann merkst du, mit wieviel Masken du so Tag für Tag nur Scheiße machst und wie schön es Leute wie du zusammen haben könnten, wenn man auf unsere Art zusammenlebt! Darum — have a joint! Brech aus deinen Fesseln — scheiß auf die Gesellschaft der Halbgreise und Tabus — werde wild und tue schöne Sachen! Und das ist der zweite Schritt — du rauchst und weißt auf einmal wo der Hammer hängt, weshalb die Leute so verklemmt sind und wie du dich befreien kannst! Nun lebst du mit Leuten zusammen, die so sind wie du und versuchst mit ihnen was zu machen, was euch selbst Spaß macht. Sei's 'ne Zeitung, ein shop, ein Beatlokal oder sonst was Neues; und selbst nebenbei dealen ist nicht so schlecht. So habt Ihr die Chance, unabhängig zu sein von alten Ärschen die sonst eure Arbeitgeber sind. Ihr könnt von dem, was Ihr gerne macht, leben und andere, denen es gefällt, machen's bald genau so!"

Anarchisten fragten in den zwanziger Jahren Karl Teschitz, den Sozialideologen der Kommunisten, warum die russische Jugend, wenn sie keine sexuelle Unterdrückung und Bindung an die Familie kenne, nicht gegen Stalins bürokratische Unterdrückung rebelliere. Eine berechtigte Frage, weil die Sexualideologen behaupteten, mit der Enthemmung komme die Freiheit von selber, denn Sklaverei sei das Zeichen sexueller Unterdrückung! Den intellektuellen Scheinwissenschaftler brachte diese Frage nicht in Verlegenheit. Er antwortete: „Ich glaube, es geht nicht an, in einem Atem von roter und weißer Diktatur zu sprechen, die russische Revolution einfach in Bausch und Bogen zu verurteilen!" Das leuchtet ein. Denn Intellektuelle unterscheiden grundsätzlich zwischen gerechtem und ungerechtem Unrecht. Gerecht ist ihnen immer das, was der Ideologie dient. Darum betrieben sowjetische Sexualwissenschaftler keine Sexualideologie. Sie wollen die Ehe und Familie nicht als bürgerliche Einrichtung abschaffen, denn beide Einrichtungen sind älter als die bürgerliche Gesellschaft, sie sind so alt wie die Menschheit. Sie bejahen die Sexualpolitik nur als Kampfmittel, um die bürgerliche Gesellschaft von innen her auszuglühen und sturmreif zu machen. Wer aber auf den schrecklichen Leidensweg dieser zum Rauschgift verführten Jugend sieht, muß die Gewissenlosigkeit verfluchen, mit der die intellektuellen Verführer um ihres Wahnes willen über Leichen gehen!

ERZIEHUNG ZUM UNGEHORSAM

Schulreformen hat es immer gegeben, es wird sie immer geben müssen. Das begann in der Neuen Geschichte mit der Neuen Geschichte selbst. Melanchthon gab den Anstoß zu bedeutenden Verbesserungen im Schulwesen der evangelischen Gebiete Deutschlands. In den katholischen Gegenden erlangten daraufhin die Jesuitenschulen eine solche Berühmtheit, daß sogar evangelische Christen sie für sich verlockend fanden. Zu Beginn des neunzehnten Jahrhunderts setzten nach den Leitgedanken Pestalozzis hervorragende Neuerungen im Schulwesen ein. Vor allem in Preußen fehlte es nicht an vortrefflichen Schulmännern, die das deutsche Schulwesen auf seinen hohen Leistungsstand führten. Dann war es Kaiser Wilhelm der Zweite, der sich, wohlberaten von hervorragenden Pädagogen, 1890 für eine Schulreform aussprach, die das Realgymnasium und die Oberrealschulen den humanistischen Gymnasien gleichstellten und die Volksschulen zu großen Einheitsschulen verbesserte. Alle diese Schulreformen standen unter pädagogischen Leitgedanken. Die westdeutschen ‚Schulreformen' der letzten zehn Jahre veränderten die Schule nach gesellschaftspolitischen Zielvorstellungen. Dem politischen Dummkopf genügt die zum Schlagwort gewordene ‚Reform'. Er fragt nicht, ob sich dabei etwas zum Vorteil verändert. Der Leistungsschwund gibt ihm kein Zeichen zur Warnung. So flickschustert man an der Schule, daß es einem graust. Die armen Kinder werden überfordert, sagen die Reformer, um ihr Versagen zu verdecken. Sie werden unterfordert und die Lehrer unnötig belastet!

Reformen, von Ideologen herbeigeführt, zerstören mehr als sie erneuern. Ideologen wissen nur, daß alles anders werden soll, und wenn es schlechter wird, so kümmert sie das nicht. In den Texten der proletarischen Linken ‚Von der antiautoritären Rebellion zur proletarischen Revolution' lesen wir: „Der revolutionäre Programmaufbau läuft über die Zerstörung der Prinzipien bürgerlicher Programmatik". Zu den drei Prinzipien, die in der proletarischen Kulturrevolution unumstößlich sind, gehören die Abschaffung des Eigentums, weil Eigentum persönliche Freiheit zu schaffen vermag und somit die Masseneinheit stört, gehören die Zersetzung der gesellschaftlichen Ordnung, oder, wie es auf marxistisch heißt, die ‚Brechung der politischen Macht des Tabus', und dazu gehört die Verhütung einer leistungsbedachten Erziehung, auf marxistisch, ‚die Verhinderung der Selektion'. Widersprüche dulden Intellektuelle in dieser Frage nicht, denn: „Die Widersprüche zwischen kämpfenden Studenten und sie kritisierenden Arbeitern sind Widersprüche im Volk, d i e zwischen ‚harmlosen' Professoren und ‚braven' Arbeitern werden sich als Widersprüche von politischem Kapitel und Lohnarbeit, zwischen Volk und den Feinden des Volkes erweisen".

Die bürgerliche Gesellschaft gibt sich gegenüber solchen ideologischen Begründungen und geistigen Beschränktheiten träge, wie eine Masse die schwer von Begriff ist. Doch sollten sich die ‚Umerzieher' in einem nicht täuschen — auch nach einem halben Jahrhundert eines radikalen Sozialismus wie in der Sowjetunion windet sich noch bürgerliches Denken dahin, obwohl ihm alle Lebensgrundlagen entzogen sind, wie bürgerliche Freiheit, bürgerliches Recht und bürgerliches Eigentum — es überlebt allen Umerziehungsmaßnahmen zum Trotz und ist zum Verrecken nicht kaputt zu kriegen! Der marxistische Terror braucht nur ein wenig nachzulassen, schon knistert, keimt, sprießt und wuchert es im Gebälk und alle zehn kleinen Bürgerlein sind wieder da! Das haben auch die Intellektuellen erkannt. Ihr Totalmittel gegen die bürgerliche Gesellschaft heißt ‚antiautoritäre Erziehung', zu deutsch, Erziehung zum Ungehorsam.

Vor Jahren wurde in Berlin der erste sozialistische Kinderladen eröffnet, Rote Freiheit. Selbstverständlich in West-Berlin! Inzwischen gibt es auch in der Bundesrepublik eine ganze Reihe solcher linkseingerichteter Kinderläden, in denen Kindern im vorschulischen Alter die Erziehung durch antiautoritäre Erziehung ausgetrieben wird. Ihr Nahziel ist die Aufzucht von Klassenkampfkindern, die, anstatt zu lernen wie man sich sprachlich ausdrückt, weil jede höhere Geistesentwicklung an die Sprachentwicklung gebunden ist, ideologische Sentenzen nachplärren lernen. Denn darüber sind sich die Intellektuellen im klaren: der Wunsch elterlicher Erziehung geht dahin, Kinder zu ordentlichen, fleißigen, sittsamen und lebenstüchtigen Bürgern zu erziehen, deren Freiheit in der Fähigkeit liegt, durch ihr Können und Wissen der Gesellschaft zum eigenen und gemeinen Nutzen zu dienen. Solche Kinder zeigen sich dann möglicherweise aggressiv gegen unordentliche, faule, unsittliche und lebensuntüchtige Kinder, soweit diese Lebensuntüchtigkeit eine gewollte, boshaft herbeigeführte ist.

Als geistige Elite stellten sie morgen für den Intellektuellen eine Bedrohung dar.
Darum soll die Grundfeste der bürgerlichen Gesellschaft, die Familie, geschleift werden. Nach den Darlegungen der Intellektuellen dient die Familie ohnehin nur der Züchtigung und Ausbeutung des Kindes. Niemand scheint nach intellektuellem Denken unablässiger darüber nachzusinnen, wie dem Kind zu schaden sei, als Vater und Mutter. Unausrottbarer Dämonenglaube! Sobald die politische Absicht erreicht und die Freiheit der Person auf die Freiheit von Gefangenen herabgesetzt ist, wird antiautoritäre Erziehung ohnehin wieder abgeschafft.
Die Roten Kinderläden im Westen sind nicht für marxistische Arbeiterkinder bestimmt, sind überhaupt nicht für Arbeiterkinder, denn mit Arbeitern wird man auch so fertig. Diese Kinderläden sind für die besseren Bürgerkinder eingerichtet. Monatsmiete hundert bis hundertfünfzig Mark je Kind. Dazu passend schrieben Anfang der siebziger Jahre zwei Modeerzieher, Annemarie und Reinhard Tausch, ein Gutachten über die Schule. Darin lesen wir: Unsere Schulerziehung ist zu autoritär! Siebzig Prozent alles Gesprochenen in der Schule spricht noch der Lehrer. Der größere Teil davon sind Befehle, Verordnungen, Zurechtweisungen. Einen Befehl pro Minute! In den Kindergärten ist es ebenso, und im Elternhaus stürzt ein Bombardement von Zurechtweisungen auf die armen Kinder ein. Dadurch geraten Kinder in Abhängigkeitsbedürfnis und in die Unfähigkeit, selbständig zu sein.
Als gäbe es keine Erfahrung mit antiautoritärer Erziehung! Aber Ideologen sind niemals bereit, eine Erkenntnis aus Erfahrungen zu ziehen. Stimmen die Erfahrungen nicht mit dem überein, was man erfahren wollte, so fegt man sie als unnütz beiseite! In der Nähe Londons gibt es schon seit über fünfzig Jahren eine Privatschule für antiautoritäre Erziehung. Die Schüler entscheiden selbst, ob und wann sie zur Schule kommen, was, wie und wie lange sie lernen möchten. Der Direktor dieser Privatschule erklärte: „Besser einen glücklichen Straßenkehrer als einen neurotischen Professor!" Stimmt. Aber warum dann überhaupt Schulgeld zahlen? Und wie werden wir die neurotischen Professoren los, die in diesem Zustand solche Dinge verbrechen?
Professor Kratzmeier, Diplom-Psychologe und Lehrbeauftragter an der Universität Heidelberg, Direktor eines pädagogischen Lehr- und Forschungsinstituts, stellte aus eigener Erfahrung fest, daß es in

den Kinderläden müde zugehe. Er gab zu, daß bisher alle Versuche scheiterten, das Kind antiautoritär zu erziehen. Das hindert die Intellektuellen nicht daran, es bis auf's Biegen und Brechen immer wieder zu versuchen. Denn das sagte schon der Intellektuelle Rudi Dutschke — die ideologische Auseinandersetzung mit der Gegenwart darf nicht von den bisherigen Ergebnissen der revolutionären Theorie ausgehen. Man müsse trotz schlimmer Erfahrungen immer danach trachten, die marxistische Lehre auszubreiten. Darin steckt die ganze Weisheit intellektuellen Denkens — das Bewährte verurteilen, weil es sich nicht in allem unbedingt bewährte, jenes aber, was sich trotz dutzendfacher Versuche niemals bewährte, unbedingt zu schonen, um es unablässig damit zu versuchen. Nur nichts dazulernen, sondern unbeirrt seiner utopischen Idee nachgehen!

Der Intellektuelle Theodor W. Adorno beschrieb uns nicht nur die Schönheit von Baldur von Schirachs Gedichten, er beschäftigte sich zwanzig Jahre später auch mit den ‚Merkmalen Autoritärer Persönlichkeit'. In seiner sozialpsychologischen Untersuchung kam er zusammen mit drei intellektuellen Kollegen zu dem Ergebnis, daß sich die autoritäre Persönlichkeit durch acht Merkmale umreißen lasse: 1. durch Konventionalismus und durch Starrheit in der moralischen Einstellung, 2. durch Unterwürfigkeit gegenüber den idealisierten moralischen Autoritäten, 3. durch Feindseligkeit gegenüber Personen, die noch nicht den ‚rechten Glauben' angenommen haben, 4. durch Ablehnung des Subjektiven, Imaginativen, Weichherzigen, 5. durch Abergläubigkeit und Stereotypie (etwa in der ideologischen Ausrichtung?), 6. durch vorwiegendes Interesse für den Machtaspekt der zwischenmenschlichen Beziehung, sowie Personenkult und Unfehlbarkeitsglaube (gegenüber ideologischen Lehren?), 7. durch Plangläubigkeit und 8. durch Betonung des Sexuellen. Hinzuzufügen wäre noch — A d o r n o sah darin ‚Die Persönlichkeitsgrundlage des Faschismus'! Man gehe jedoch seinen Merkmalen einmal kritisch nach, denke an den Konventionalismus in sozialistischen Staaten, an die Unterwürfigkeit der Funktionäre gegenüber dem Parteisekretär, an die Feindseligkeit gegen jeden, der in einem sozialistischen Staat leben muß und nicht vom Sozialismus überzeugt ist, denke an die Ablehnung der Parteidogmatiker gegen alles Subjektive, Imaginative, Weichherzige, denke an das Stereotype in der ideologischen Ausrichtung des Intellektuellen, an das vorwiegende Interesse des Machtaspekts im Marxismus in den zwischenmenschlichen Beziehungen zu denen, die den Marxismus für sich ablehnen, an den Personenkult um

Marx und Lenin und an den Unfehlbarkeitsglaube für deren Lehre, denke an die Plangläubigkeit und die Betonung des Sexuellen marxistisch orientierter Intellektueller und er bekommt ‚Die Persönlichkeitsgrundlage des Marxismus' oder der linken Intellektuellen!

Seit den ersten Schulen der bürgerlichen Gesellschaft in den Städten des vierzehnten Jahrhunderts bis zu Humboldt und Pestalozzi und auch noch darüber hinaus, galten Pflichterfüllung und Pflichtbewußtsein als das wesentliche Ziel einer Charaktererziehung. Denn vollenden läßt sich jedes Schulsystem erst, indem das Erlernte durch selbständiges Denken und vernunftmäßiges Handeln, sowie durch eine zeitlich unbeschränkte Selbsterziehung fortgeführt wird. Heute meint man, Erziehung zur Intellektualität sei alles und die Erziehung zu Charakter und Bildung sei nichts. Was aber nutzten uns in der Geschichte Personen, die über große Intellektualität und über keinen Charakter verfügten? Der unermüdliche Antrieb zur Selbsterziehung und Charakterbildung ergibt sich aus dem moralischen Pflichtbewußtsein. Die hohe Meinung von der Bedeutung der moralischen Pflichterfüllung für die menschliche Charakterbildung wurde immer just in dem Augenblick in Frage gestellt, wenn als Folge einer Wohlstandszeit die Gesellschaft aus den Fugen geriet. Anstatt die Ursachen des Übels anzugehen oder zumindest wissenschaftlich erkennbar zu machen, wollte man jeweils ihre Auswirkungen kurieren. An die Stelle der Charaktererziehung trat die Verführung zur Intellektualität und an die Stelle der Pflichterfüllung trat Ideologisierung der Jugend.

In der Zeit des Nationalsozialismus sank die Idee der moralischen Pflichterfüllung zur bloßen Ausführungsverantwortung herab, um dann als Reaktion auf dieses Mißverständnis in dasselbe Extrem unter anderen Vorkehrungen umzuschlagen, in die antiautoritäre Erziehung als Erziehung zur Ungezogenheit. Wieviel Mitleid muß man da für einen Lehrer empfinden, der in den Pullover des Zeitgeists schlüpfte und, erbost über seine Einflußlosigkeit, den Schülern die Strafe erteilte, zwanzigmal den Satz zu schreiben — ‚Wir haben einen antiautoritären Lehrer!' Nein, ihr lieben Schülerlein, ihr habt keinen antiautoritären, sondern einen dummen Lehrer, jagt ihn fort!

Gerhard Hauptmann, großer sozialkritischer Dichter der bürgerlichen Gesellschaft, doch kein Intellektueller, sagte: „Es gibt für ein starkes und edles Volk nur immer die eine und höchste und letzte Pflicht, durch Leistungen für die gesamte Menschheit seiner Stärke würdig zu sein". Eine bürgerliche Gesellschaft die bereit ist, den

Intellektuellen auf den Leim zu kriechen, ihrer Ideologie zu verfallen, die die Pflichterfüllung durch ein ökonomisches System ersetzen will, die hält selbst nichts mehr von der Pflicht und will nur den Neigungen leben. Um dabei erst gar keinen Schimmer eines Gewissenskonflikts aufkommen zu lassen, bemüht man sich, den Begriff des Pflichtgefühls in seiner gröbsten Entstellung zu erhalten, damit er uns nie mehr nahe komme. Kant sagt: „Moralität ist die Bedingung, unter der allein ein vernünftiges Wesen Zweck an sich selbst sein kann, weil nur durch sie es möglich ist, ein gesetzgebend Glied im Reiche der Zwecke zu sein". Pflichtbewußtsein kann niemals äußerer Zwang, kann stets nur innerer Zwang sein. Es entspringt der oberflächlichen Betrachtungsweise der Intellektuellen, anzunehmen, daß Pflicht auf Gefühlen, Antrieben oder Neigungen beruhe und daß darum durch antiautoritäre Erziehung solche Gefühle, Antriebe und Neigungen zerstört werden müßten. Pflichterfüllung beruht nach Kants kategorischem Imperativ allein auf dem Verhältnis vernünftiger Wesen zueinander, in welchem der Wille eines vernünftigen Wesens jederzeit zugleich als gesetzgebend betrachtet werden kann, weil Moralität sonst nicht als Zweck an sich selbst zu verstehen wäre. Der, dessen Maxime ‚zersetzen' heißt, schafft daraus kein Verhältnis vernünftiger Wesen zueinander, noch kann ein solcher Wille zum allgemeinen Gesetz werden. Dazu gab uns Kant diesen Grundgedanken — „Was ich also zu tun habe, damit mein Wollen sittlich gut sei, dazu brauche ich gar keine weitausholende Scharfsinnigkeit. Unerfahren in Ansehung des Weltlaufs, unfähig, auf alle sich ereignenden Vorfälle desselben gefaßt zu sein, frage ich nur: Kannst du auch wollen, daß deine Maxime ein allgemeines Gesetz werde? Wo nicht, so ist sie verwerflich — nicht um eines dir oder anderen daraus bevorstehenden Nachteils willen, sondern weil sie nicht als Prinzip in eine mögliche allgemeine Gesetzgebung passen kann".

Ohne Erziehung zur Pflichterfüllung findet der Mensch zu keinem Pflichtbewußtsein und ohne Pflichtbewußtsein zu keiner Würde und ohne menschliche Würde gibt es keine Freiheit der Person. Wo es aber daran fehlt, ist Freiheit nur leeres Wort. Ohne Pflichtbewußtsein wäre auch die Freiheit der Person nicht einmal moralisch vertretbar.

SIND INTELLEKTUELLE UNSERE INTELLIGENZ?

Bisher wurde der zersetzende und zerstörende Einfluß der Intellektuellen auf Kunst, Literatur, Sitte und Erziehung aufgezeigt. Daraus ergibt sich die Frage — was ist ein I n t e l l e k t u e l l e r ? Wäre nur die Bestimmung des Begriffes zu finden und nicht auch eine Masse an Umbestimmungen und Unbestimmtheiten auszuräumen, so ließe sich die Frage auf einer Postkarte beantworten und es bliebe noch Platz für freundliche Grüße und eine Bemerkung zum Wetter. Würde man eine Meinungsumfrage über die Bedeutung des Wortes ‚Intellektuelle' veranstalten, so käme man auch ohne Ratehilfe (— ein Wort mit elf Buchstaben, am Ende mit Z), zu einer eindeutigen Mehrheit für die Lösung ‚Intelligenz'. Das hat nichts mit Begriffssicherheit infolge überragender Volksbildung zu tun, denn die Soziologen selbst sind sich noch uneins über eine vertretbare Bestimmung des Begriffes. Man möchte dem Intellektuellen nicht weh tun und muß dennoch irgendwie wissenschaftlich bleiben! Wohl aber könnte das Ergebnis einer Meinungsumfrage Schlüsse auf das Ausmaß der geistigen Diktatur der Intellektuellen in Deutschland geben, denn s i e sind es, die sich als die maßgebliche Intelligenz ihres Landes auffassen und sich danach aufführen.

Demokratische Mehrheiten sind für den Wert der Beantwortung einer wissenschaftlichen Frage ohne Bedeutung. Wo allerdings auch Soziologen die Begriffe I n t e l l e k t u e l l e und I n t e l l i g e n z für beliebig vertauschbar halten, als handle es sich um zwei Worte gleichen Sinnes, ergibt das einen peinlichen Einblick in die Notlage der deutschen Soziologie, deren wichtigste geistige Mäzene Sozialisten sind. Jedoch läßt sich die beliebige Vertauschung der Begriffe Intellektuelle und Intelligenz als Ungenauigkeit und tendenziöser Unfug nachweisen. Damit will ich nicht behaupten, daß Intelligenz Intellektualität ausschließe, aber sie geht wesentlich über diesen Begriff hinaus und, was mir bemerkenswert erscheint, Intellektualität setzt eine Zugehörigkeit zur Intelligenz nicht voraus. So wenig wie man sagen kann, daß Künstler Musiker seien, weil auch Maler, Schriftsteller und sogar Schlagersänger mit Fug oder Unfug als Künstler verstanden werden und weil nicht einmal jeder Musiker Künstler im weitesten Sinne ist, wenn sich schon der Leierkastenmann als Musiker begreift, ebensowenig hilft uns die Bezeichnung I n t e l l i g e n z, den Begriff I n t e l l e k t u e l l e r zu verstehen.

Wegen der tiefen oder doch folgenschweren Bedeutung, die ein falsches Verständnis des Begriffes Intellektuelle für unsere bürgerliche Gesellschaft haben muß, gleichbedeutend, als würden wir die Lungenschwindsucht infolge eines Übersetzungsfehlers als das erstrebenswerte Ideal eines gesunden Körpers auffassen, müssen wir uns Mühe geben, die tatsächliche Bedeutung dieses Wortes herauszufinden und zwar aus dem, was Intellektuelle in Gegenwart und Geschichte bewirkten, nicht an dem, was sie vorgaben, bewirken zu wollen.

Wenn nicht der Intellekt, der V e r s t a n d, das Kennmerkmal des Intellektuellen ist, so wie die Intelligentia, die E r k e n n t n i s, die Intelligenz zu erkennen gibt, und die Ratio, die V e r n u n f t, den Wissenschafter, dann muß eine spezifische Geisteshaltung das Wesen des Intellektuellen ausmachen. Denn in seiner Existenz steht und fällt der Intellektuelle mit dem politischen Fieber in einer Gesellschaft, das man auch als ‚vorrevolutionäre Erscheinung' bezeichnen könnte. Voraussetzung für das Aufkommen von Intellektuellen ist das Nachgeben einer herrschenden Gesellschaft im politischen und gesellschaftlichen Druck als Folge ihrer Unsicherheit im politischen Wollen. Sofort nehmen gewisse Leute aus dem Raum und Vorraum der Intelligenz die für das Wesen des Intellektuellen spezifische Geisteshaltung ein. Jeder Versuch der n o c h herrschenden Klasse, die Zersetzungserscheinungen, die durch Intellektuelle pestartig hervorgerufen werden, durch milden Gegendruck, denn zu mehr fühlt sie sich nicht mehr imstande, aufzuheben, führt allmählich zu dem politischen Fieber, dessen erste Krisis wir Revolution nennen, dessen zweite Krisis der veranstaltete Massenmord ist. Nur in seltenen Fällen gelingt es einer noch herrschenden Gesellschaft, das Geschmeiß mitsamt seinem Wurmfraß auszutilgen, um ihre Herrschaft auch de facto wiederaufzurichten.

In der Regel bleibt es bei unwirksamen Maßnahmen. Denn eine Klasse, die unbedingt herrschen will, wäre in einen solchen Zustand der Unsicherheit erst gar nicht hineingeraten. Mit der inneren Einstellung der Intellektuellen ist es jedoch wie mit der Karies — es ist weder Heilung noch ein Eindämmen der Zersetzungserscheinungen, die wir auch Fäulnis nennen, möglich, es sei denn, man entferne sie. Geschieht das nicht frühzeitig, dann macht die spezifische Geisteshaltung und innere Einstellung der Intellektuellen Mode. Was Mode ist, verbreitet sich seuchenartig! Jede Modewelle zeigt, wieviel weiches Zeug im harten Mantel einer Gesellschaft steckt. Je weiter sich die Fäulnis in den weichen Kern einer Gesellschaft hineinfrißt, desto mehr sind auch stärkere Geister der Intelligenz bereit, sich aus Eigennutz mit der Geisteshaltung der Intellektuellen vertraut und danach sie sich selbst zu eigen zu machen. Die tatsächliche, wenngleich inoffizielle Herrschaft durch Intellektuelle ist schon als gegeben zu betrachten, sobald nicht mehr Politiker und Staatsmänner, sondern Intellektuelle und Literaten indirekt bestimmen, welche politischen Entscheidungen gefällt werden müssen. Dann verlieren Persönlichkeit und Künstler ihre Ausstrahlungskraft und an ihre Stelle treten verantwortungslose Gaukler und manieristische Zauberkünstler, die sich als Elite aufspielen.

Als im freien Teil Deutschlands noch Vernunft die Politik bestimmte, in den fünfziger Jahren, konnte man im Großen Brockhaus in der Ausgabe von 1954 unter I n t e l l e k t u e l l e die Erklärung lesen: „das ist ein Mensch, der seinem Verstande nicht gewachsen ist". Wer noch diese alte Ausgabe besitzt, seine Ansichten aber gern passend zum neuen Anzug trägt, der schaffe sich die Ausgabe von 1970 an! Darin heißt es über den Intellektuellen: „ein Mensch, der in seinen Anschauungen dazu neigt, den rationalen Verstandeskräften den Vorzug gegenüber Willen, Gemüt und Gefühl, gegenüber der Wirkungskraft des Unbewußten (!) und dem praktischen Tätigsein zu geben". Man denke nur!

Wie die Made den in Verwesung übergehenden Speck braucht, so benötigt der Intellektuelle einen Gesellschaftskörper, in dem die herrschende Gesellschaftsidee verblaßte. Was sich aus sich selbst nicht mehr erneuert, erstarrt und wird vernichtet. Es läßt sich darum der Nachweis erbringen, daß die spezifische Geisteshaltung und innere Einstellung des Intellektuellen älter ist als die Bezeichnung ihres Trägers. Das ist auch bei Krankheitserscheinungen üblich, daß die Krankheit älter als ihr Name ist. Da es den Manierismus in der Kunst, diese sichtbare Folge des Intellektualismus, schon in der Renaissance gab, muß es zu jener Zeit auch schon Intellektuelle gegeben haben. Doch erst in der vorrevolutionären Zeit des achtzehnten Jahrhunderts wurde das französische Wort ‚intellectuel' ins Deutsche übernommen. Weil ein Krebsschaden nicht erst beginnt, wenn beim Patienten die Agonie eintritt, übernahm man das Wort in Deutschland schon 1770, neunzehn Jahre vor der Französischen Revolution.

Bemerkenswerterweise erschien noch 1787, also nur zwei Jahre vor der Revolution, in Paris ein mehrbändiges Werk ‚Tableau des révolutions de l'Empire d'Allemagne' — Revolutionstafel des deutschen Kaiserreiches, in dem aus der Geschichte des deutschen Reiches, aus seiner mangelnden Einheit und seiner Nachbarschaft zum fortschrittlichen Westreich der Franzosen, die kommenden Umwälzungen vermutet wurden. Daß die Revolution ausgerechnet in Frankreich stattfinden werde, dem Land, mit dem liberalsten Königshaus der Welt und dem Volk, das mehr Freiheit besaß als irgendein anderes auf dem europäischen Kontinent und dessen Gesellschaft tonangebend für Europa war, daran dachte kaum jemand! Heute begreifen wir dieses Wunderding der Erscheinung. Eine Revolution im heutigen Deutschland ist mit Sicherheit nicht im sowjetisch besetzten Teil dieses Landes zu erwarten, weil sich die dort herrschende Klasse aus Parteifunktionären und Systembänkelsängern noch nicht herrschaftsmüde fühlt und darum nicht daran denkt, Intellektuelle gemeingefährlichen Schabernack treiben zu lassen.

Dagegen verschwor sich die Gesellschaft der Bundesrepublik Deutschland, nichts mehr zu wollen als Ruhe und Frieden. Und weil nur einer über des Deutschen Ruhe und Frieden zu bestimmen hat, der sowjetische Imperialismus, so legte sie ihm ihr Schicksal vertrauensvoll zu Füßen. Das taten Deutsche in ihrer Geschichte schon einmal, im ausgehenden achtzehnten Jahrhundert gegenüber dem imperialistischen Frankreich. Den Frieden bewahrten sie sich dadurch nicht — sie verloren ihn!

So wird die nächste Revolution allen äußeren Anzeichen nach noch nicht in Rußland, sondern in der Bundesrepublik Deutschland stattfinden, dem liberalsten Land der Welt, wo Freiheit bis zur Rechtsunsicherheit, bis zur Duldung von Kriminalität, bis zur Verehrung jeder perversen Entartung vorantrieb und in diese Richtung kaum noch über Spielraum für weitere Entwicklung verfügt. Dennoch klagen die Intellektuellen dieses sonderbaren Staates über Mangel an Freiheit, daß sie am liebsten alle jene totschlagen möchten, die daran zu zweifeln wagen. Hier kommen wir der spezifischen Geisteshaltung und inneren Einstellung der Intellektuellen auf die Spur! Ich zitiere Böll: „Zersetzung ist die erste Künstler- und Schriftstellerpflicht." Ich zitiere Lenin: „Wenn wir eine Nation vernichten wollen, so müssen wir zuerst ihre Moral vernichten. Dann wird uns die Nation als reife Frucht in den Schoß fallen."

Es ist für unsere Sache unerheblich, ob zwischen der Geisteshaltung und Einstellung Bölls und Lenins eine bewußte oder nur eine unbewußte Verbindung besteht, ob Böll die imperialistischen Ziele der marxistisch-leninistischen Gesellschaft gebraucht oder sich nur gebrauchen läßt. Uns interessieren die Auswirkungen einer Geisteshaltung und nicht das Gestammel ihrer Träger über das, was sie eigentlich damit bewirken wollten und bewirken wollen. Niemand kommt auf die Idee, Hitler an seinen Absichten zu messen. Wir können immer nur das bewerten, was Absichten bewirkten und bewirken müssen. Warum vermochte aber in der Bundesrepublik Deutschland niemand gegen diese und andere ungeheuerliche Erklärungen des Intellektuellen Böll wirksam etwas vorzubringen?

Hier stoßen wir auf ein weiteres Wesensmerkmal der Intellektuellen: Wo die Persönlichkeit für sich und ihr Tun selbst eintritt, wo sie die Kritik an ihrer Aussage nicht als unerlaubte, kriminelle Verletzung der Vernunft abwehrt, da treten Intellektuelle durch ihre Gemeinsamkeit in Geisteshaltung und innerer Einstellung immer als Kollektiv auf. Wagte jemand, gegen die ungeheuerliche Erklärung des einen etwas einzuwenden, sofort schrie der rangälteste Nächste: „Die Unvernünftigen treiben Hetze gegen uns, d i e Intellektuellen! Es muß endlich etwas gegen sie unternommen werden!" Man kämpft nicht gegen einzelne, sondern gegen eine ‚herrschende Kulturschicht', die nicht darum herrscht, weil sie alle Kulturschaffenden in sich vereinigte, sondern weil sie keinen Künstler und keine Persönlichkeit neben sich gelten läßt. „Was geistig und kulturell gültig ist, bestimmen wir, die I n t e l l e k t u e l l e n !"

Duldsam kann nur der sein, der den Vergleich nicht scheuen braucht. Toleranz ist darum keine geläufige Vokabel für Intellektuelle, noch für Marxisten, es sei denn, im Anfangsstadium ihrer Entwicklung, und auch dann nur auf sie selbst bezogen. Sie haben das Alleinrecht, jeden in gemeinster, volksverhetzender Weise anzugreifen, doch der Angegriffene darf nicht einmal Piep sagen, denn schon fühlen sich die Intellektuellen als Gesamtheit in ihrer Existenz bedroht und bezeichnen das nicht als Angriff auf sich, sondern als einen Angriff auf die Vernunft.

Lenin, der diese hervorragende Eigenschaft aus eigener Kenntnis kannte, räumte den Intellektuellen im politischen Kampf um die Macht größte Bedeutung ein. Hätte e r statt Marx das Kommunistische Manifest verfaßt, er würde es mit den Worten geendigt haben: ‚Intellektuelle aller Länder vereinigt euch!' Tatsächlich sind in seinem Kampfwerk, ‚Was tun?', das er um 1901 verfaßte, die

Proletarier nur Objekt, wie Kinder in einem Kindergarten, mit dem Intellektuellen als Kindergärtnerin. Das Werk gehört noch heute zur Standardliteratur jedes Berufsrevolutionärs. Soziologen, denen man oft mehr Allgemeinbildung wünschen möchte, loben Lenin, weil er den Wert der Intellektuellen für die Vorbereitung der Revolution so klar herausstellte. Ich meine, das müßte ein schlechter Revolutionär sein, der nicht einmal das tauglichste Werkzeug für sein Handwerk kennen würde, ganz abgesehen davon, daß der Marxismus das geistige Produkt von Intellektuellen ist. Lenin schreibt das so: „Der Träger der Wissenschaft ist nicht das Proletariat, sondern die bürgerliche Intelligenz. In einzelnen Mitgliedern dieser Schicht ist denn auch der moderne Sozialismus entstanden und durch sie erst geistig hervorragenden Proletariern mitgeteilt worden, die ihn dann in den Klassenkampf des Proletariats hineingetragen, wo die Verhältnisse es gestatteten. Das sozialistische Bewußtsein ist also etwas in den Klassenkampf des Proletariats von außen Hineingetragenes, nicht etwas aus ihm urwüchsig Entstandenes."

Welche Rolle Lenin den Intellektuellen zur Machtergreifung des Marxismus zuschreibt, umreißt er so: „Die Forderung der Arbeiter an die Intellektuellen lautet: Wir wollen alles wissen was auch die anderen wissen. Wir wollen alle Seiten des politischen Lebens gründlich kennenlernen und aktiv an jedem politischen Geschehnis teilnehmen. Dazu ist es notwendig, daß die Intellektuellen uns weniger das wiederholen, was wir schon selber wissen, dafür aber uns mehr davon sagen, was wir noch nicht wissen, was wir aus unserer eigenen Fabrik und ökonomischen Erfahrung nie lernen können, nämlich politisches Wissen. Dieses Wissen könnt ihr, Intellektuelle, erwerben, und ihr seid verpflichtet, es in hundert- und tausendfach höheren Graden zu übermitteln, als ihr es bis jetzt getan habt, und zwar nicht nur in der Form von Abhandlungen, Broschüren und Artikeln, sondern in der Form von lebendigen Enthüllungen dessen, was gerade jetzt unsere Regierungen und unsere herrschenden Klassen auf allen Lebensgebieten tun. Erfüllt eifriger diese eure Pflicht und sprecht weniger von der Steigerung der Aktivität der Arbeitermasse!"

Lenin beschwor in seinen Reden, Aufrufen, Schriften immer wieder die einzigartige Bedeutung der Intellektuellen für die Vorbereitung der Revolution. „Die Geschichte aller Länder zeugt davon, daß die Arbeiterklasse aller Länder nur ein gewerkschaftliches Bewußtsein herauszuarbeiten vermag, das heißt, die Überzeugung von der Notwendigkeit, sich in Verbänden zusammenzuschließen, einen

Kampf gegen die Unternehmer zu führen, der Regierung diese oder jene für die Arbeiter notwendigen Gesetze abzutrotzen."

Es fehlt den Arbeitern also an der spezifischen Geisteshaltung und inneren Einstellung, die den Intellektuellen auszeichnen, und das ist, finde ich, ein Kompliment an den Arbeiter, ein Beweis für die ihn maßgeblich beherrschende Rechtmäßigkeit seines Denkens. Lenin machte kein Hehl aus seiner antiproletarischen Gesinnung und aus seiner Vorliebe für den Intellektuellen. „Ich will euch sagen, daß es schwerer ist, ein Dutzend Besserwisser abzufangen als hundert Dummköpfe. Und ich werde diesen Grundsatz verfechten, so sehr ihr die Menge gegen mich wegen meines Antidemokratismus auch aufhetzen möget!"

Besserwisser — was für eine gekonnte Begriffsbestimmung für das Wort Intellektueller! Welcher Soziologe, von seiner Humpligkeit im Sprachgebrauch abgesehen, könnte sich rühmen, Wesen und Bestimmung des Intellektuellen klarer begriffen zu haben als es Lenin intuitiv tat? Er wußte, daß man zur Eroberung eines Volkes Maden braucht, weil man es vom Kommunismus nicht überzeugen kann und darum sein Bewußtsein planmäßig und von innen her zerstören muß. Was später dann mit spitzem Griffelchen als Revolutionskampf in die kleinkarierte Wachstafel der Neuen Gesellschaft eingetragen wird, ist nichts weiter als das Niedermetzeln eines Sterbenden. Und die bürgerlichen Dummköpfe, die die Stärke der Kommunistischen Partei an den Prozenten ihres Wahlstimmenanteils abmessen wollen, sollten dies von Lenin lernen: „Eine breite Organisation werden wir nie auf die Höhe der Verschwörung bringen können, ohne die von einem zähen und kontinuierlich verlaufenden Kampf gegen die Regierung keine Rede sein kann." Wie aber kann eine kleine Verschwörergruppe einen starken Staatsapparat aus den Angeln heben als sei es der letzte Dreck? Indem sie die Intellektuellen das sagen und schreiben läßt, was der Vernichtung einer Nation dient.

TOTENGRÄBER DER GESELLSCHAFT

Der Altsoziologe Schumpeter, von 1932 bis 1950 Professor an der Harvard Universität, befaßte sich schon vor dreißig Jahren mit dem Wesen der Intellektuellen. Er nannte sie die Totengräber der bürgerlichen Gesellschaft, was eine unnötige Einengung darstellt, denn sie sind die Totengräber jeder Gesellschaft. Schumpeter schrieb: „Ihr wesentlicher Charakter ist das Fehlen einer direkten Verantwortlichkeit für praktische Dinge und das Fehlen von Kenntnissen aus erster Hand". Auch Theodor Geiger befaßte sich ausgiebig mit den Intellektuellen und erklärte, daß sie grundsätzlich skeptisch seien und sich kritisch gegenüber jeglicher sozialen Wirklichkeit verhielten, ob sie nun feudal, kapitalistisch oder sozialistisch sei. Das stimmt nur bedingt, insofern als jede Generation an Intellektuellen ihre Art der Aversion nicht wechselt.

Zweifellos gibt es bestimmte, immer wiederkehrende Aversionen, die den Intellektuellen beherrschen, Linksintellektuelle wie Rechtsintellektuelle. Da ist zunächst ihr Unbehagen an der Gesellschaftsordnung in Klassen. Nun gibt es keine höher entwickelte Kulturgesellschaft ohne Klassen oder Stände. Diejenigen, die die klassenlose Gesellschaft einführen wollten, schafften nur die alten Klassen ab und führten neue ein. Ein weiterer Zielpunkt der Aversion für Intellektuelle sind die Institutionen. Nun sind auch schon Gesellschaften niederer Kultur ohne Institutionen nicht denkbar, denn irgendwie muß das zwischenmenschliche Verhalten geregelt und sittlich geordnet werden. Wo Gebote allein diese Ordnung nicht aufrecht erhalten, müssen Verbote diesen Mangel so gut es geht beheben. Alle diese Institutionen, von denen sich manche durch Jahrtausende bewährten, sind nach dem Willen der Intellektuellen abzuschaffen, oder man will sie solange zersetzen bis sie unhaltbar geworden sind. Diese Institutionen heißen: Familie, elterliche Erziehung, Staat, Nation, Heimat, Volk, Sittlichkeit, sozialer Status.

Zersetzungszwang beherrscht nicht nur linke Intellektuelle, er bestimmt auch den Rechtsintellektuellen. Um diese Spielart nachzuweisen, obwohl in der Gegenwart ohne Bedeutung, was sich ändern kann, seien einige rechtsintellektuelle futuristische Machwerke zu den heutigen in Vergleich gestellt. Lucini schrieb: „Kinder, ich will die Welt ihrer Ordnung entbinden; jeder begebe sich wieder an seine Arbeit, wir schmieden wie immer in unserem tiefen, unberührten Reiche den Hebel für die große Zerstörung, der die Hemisphäre aufwühlen und hochheben soll". Und Marinettis ‚Technisches Manifest der futuristischen Literatur': „1. Man muß die Syntax dadurch zerstören, daß man die Substantive aufs Geradewohl anordnet, so wie sie entstehen. 2. Man muß das Verb im Infinitiv gebrauchen. 3. Man muß das Adjektiv abschaffen. 4. Man muß das Adverb abschaffen, die alte Schnalle, 5. Jedes Substantiv muß ein Doppel haben. 6. Auch die Zeichensetzung muß abgeschafft werden. —" Und schließlich: 10. Da jede Art von Ordnung notwendig das Produkt eines vorsichtigen und behutsamen Verstandes ist, muß man die Wortbilder orchestrieren und sie nach der größtmöglichen Unordnung verteilen." Z e r s e t z u n g ist die erste Künstler- und Schriftstellerpflicht! Auch die Zerstörung aller Institutionen ist schon im Futurismus der Jahrhundertwende als oberste Notwendigkeit erkannt; das Manifest der Maler steigert sich bis zu dem Aufruf — zündet alle Museen an! Warum? Nun, weil die Machwerke der Futuristen nicht gut neben Kunstwerken standen, so wie man auch heute in Museen, wo sogenannte moderne Kunst neben klassischer Kunst steht, den Eindruck bekommt, schon den Kunstraum verlassen zu haben, sobald man die Säle der Modernisten betritt.

Zersetzung stellt nicht die erste P f l i c h t des Intellektuellen dar, denn was Pflicht ist, weiß er gar nicht — Zersetzung ist zufälligerweise alles was er kann. Als der Intellektuelle George Grosz aufhörte, seine zersetzenden Bilder zu malen und seinen Lebensbericht ‚Ein kleines Ja und ein großes Nein' schrieb, weil er plötzlich erkannte, wem er gedient, da wurde aus dem weltberühmten Ankläger und Zersetzer ein nicht einmal mehr provinzbekannter Blümchenmaler. Ein bitteres, aber notwendiges Schicksal. Wie entwaffnend ehrlich wurde der Rechtsintellektuelle Aldo Palazzeschi in seinem G e - d i c h t ,Wer bin ich?':

„Bin ich vielleicht ein Dichter? — Gewiß nicht. Meiner Seele Feder schreibt nur ein einziges, seltsames Wort: Narrheit. — Bin ich denn ein Maler? — Auch das nicht. Meiner Seele Palette hat nur eine einzige Farbe: Melancholie. — Ein Musiker also? — Ganz und gar nicht. Auf meiner Seele Tastatur ist nur eine einzige Note: Sehnsucht. — Bin ich also ... was denn? Eine Lupe halte ich vor mein Herz, um es den Leuten zu zeigen. Wer bin ich? Ein Gaukler meiner Seele!"

Intellektuelle, die sich zu einer Einsicht durchringen, sind es nicht mehr lange. So auch Aldo Palazzeschi. Er war jung genug, es noch zum Könner zu bringen. Vieles, was der Futurismus vor fünfzig, siebzig Jahren an moderner Literatur hervorbrachte, vor allem an moderner Lyrik, glüht in solcher Modernität, daß man es für Dubletten der heutigen hält. Und plötzlich erkennt man, selbst das Modernste ist schon sehr alt, nur — es zeigt keine Entwicklung. Primitiv werden heißt, auf Entwicklung verzichten. Man kann sich immer nur nach oben entwickeln.

Nichts ist also dem Intellektuellen gefährlicher als Einsicht. Doch die wenigsten bringen es so weit. Weil Intellektuelle nur reflektieren, müssen sie noch nicht notwendigerweise linksorientiert sein. Die Futuristen der zwanziger Jahre, denen niemand die spezifische Geisteshaltung und innere Einstellung des Intellektuellen absprechen kann, waren rechtsorientiert und führten Mussolini an die Macht, der danach mit ihnen dasselbe machte was Lenin ein paar Jahre früher mit seinen Intellektuellen gemacht hatte — er schaffte sie ab. Auch die deutschen Intellektuellen des frühen neunzehnten Jahrhunderts, die aus den Burschenschaften hervorgingen oder einst deren Mitglied waren, reflektierten nationales Gedankengut und verhinderten durch Übermut eine durchaus möglich gewesene frühere nationale Einheit Deutschlands.

Ausklammern müssen wir jedoch aus diesen Betrachtungen über das Wesen und Unwesen der Intellektuellen, was als der p h i l o s o p h i s c h e Intellektualismus Fichtes und Schellings bezeichnet wird. Hier bekamen zwei verschiedene Sachen durch Zufall denselben Namen. Versuche, in Fichte einen frühen Marxisten zu sehen, sind eine Spekulation auf die Dummheit. Man setzt voraus, daß Fichtes philosophisches und politisches Werk geistig allgemein nicht mehr verfügbar sei, von Schellings Werk, das Fichte als Lehrmeister erkennen läßt, gar nicht zu reden. Fichtes Werk ‚Über das Wesen des Gelehrten' und sein ‚System der Sittenlehre' schließen sittenfeindliche Lehren ebenso aus wie den Intellektuellen als Sittenverderber und Wegbereiter für Sittenstrolche. Fichte setzt an die Stelle der bloßen Besserwisserei das sittliche Verhalten und ein daraus tief wurzelndes persönliches Verantwortungsbewußtsein, die das Kennzeichen der Persönlichkeit sind. Es wäre allerdings ein glücklicher Gedanke, Intellektuelle, unter welchem Vorwand auch immer, zum Lesen von Fichtes Werken zu bewegen, sie müßten zu anderen Menschen werden.

Freilich war Fichte ein Revolutionär, aber ein konservativer. Wo er Freiheit sagte, da wußte er was er meinte, da erhob er keine Forderungen an andere, da setzte er Forderungen an sich selbst. Denn Freiheit ist ein moralischer Begriff, er kann Unmoralischen nicht zuteil werden. Solche Versuche intellektueller Banausen, sich in die Gesellschaft von Persönlichkeiten zu bringen, sind rührend und in jeder Hinsicht förderungswürdig. Denn man kann nicht Schiller als Revolutionär loben und ihn auf die Dauer nur halb lesen wollen. Wer dann sagt, daß nur der junge Schiller weise gewesen sei und der reifere Schiller unverständig, der muß früher oder später lächerlich wirken.

Fichte ist kein Intellektueller gewesen, er war eine Persönlichkeit und neben Spengler der bedeutendste philosophische Erzieher für nationale Gesinnung in Deutschland. Wer heute seine politischen Schriften liest, erschrickt über ihre Aktualität für unser Volk. Was sich als philosophischen Intellektualismus bezeichnet, wäre besser als philosophische Lehre der reinen Vernunft bezeichnet worden, die von Kant ausging, von dessen geistigem Schüler Fichte drängender vorgetragen und von dessen Schüler Schelling fortgeführt und weiterentwickelt wurde. Diese philosophische Lehre bewirkt das Gegenteil von dem, was Intellektuelle bewirken — Aufbau, statt Zersetzung, strenge vernunftbegründete Sittlichkeit statt Verhöhnung jedes sittlichen Empfindens, Klarheit statt Verschwommenheit, nationale Gesinnung statt Weltbürgertum. „Wir handeln nicht, weil wir erkennen, sondern wir erkennen, weil wir zu handeln bestimmt sind," schrieb Fichte. Der Intellektuelle muß nicht handeln, um zu erkennen, denn ihm ist die Geisteshaltung gegeben, sämtliche Aversionen seiner Zeit zu reflektieren.

Wo der Philosoph eine Idee schafft, verbreitet der Intellektuelle nur Abneigung gegen alles was besteht, auch wo es sich bewährte. Wie blindwütige, aufgestachelte Stiere rennen sie gegen alles, was Tradition heißt. Tradition macht Intellektuelle rasend. Spengler schreibt in ‚Untergang des Abendlandes': „Eine Tradition schaffen heißt, den Zufall ausschalten. Eine Tradition züchtet einen hohen Durchschnitt, mit dem die Zukunft sicher rechnen darf; keinen Cäsar, aber einen Senat, keinen Napoleon, aber ein unvergleichliches Offizierskorps. Eine Tradition zieht von allen Seiten die Talente an und erzielt mit kleinen Begabungen große Erfolge". Der Intellektuelle versucht es umgekehrt: er senkt die Leistungserwartungen so tief, bis noch der Dümmste und Unwilligste sie erfüllen kann.

Weniger als um eine sogenannte ‚Demokratisierung von Leistung und Bildung' durch radikale Senkung des Leistungsstandes geht es den Intellektuellen um den dabei erzielbaren Effekt der Zersetzung. Sie fühlen sich von der Idee besessen, daß zunächst alles abgetragen werden müsse, was durch Kultur entstand. Was ist das für ein kleinkariertes Maurerdenken, das meint, man müsse zunächst alles niederreißen, um Neues bauen zu können! In der Ideenwelt setzt sich das Starke ganz von selbst durch und das Schwache bricht nicht zusammen, noch viel weniger muß es abgerissen werden, denn es verblaßt, verflüchtigt sich, verliert seine Wichtigkeit, ist mit einem Mal nicht mehr verfügbar. Nur der Schwächling fordert, um seine gewaltsamen, unsittlichen Ideen durchzusetzen, zunächst den Kahlschlag aller anderen Ideen und sittlichen Vorstellungen damit sein Mißgedanke am Atem des Genialen nicht den Pips bekommt. Erst in der verwüsteten Kulturlandschaft vermag sich auch der Kränkling zu erheben. Glaubt jemand im Ernst, daß in der Sowjetunion die marxistische Lehre ausgerottet werden müßte, um an ihrer Stelle eine menschlichere Gesellschaftsordnung zu errichten? Die herrschende Klasse lasse nur im Druck nach und niemand wird sich um die Zersetzung der sozialistischen Gesellschaft sorgen müssen! Was ausgelebt, verduftet ganz von selbst.

Intellektuelle erkennen wir immer an ihrer unscharfen Aussage, etwa wenn sie den Begriff I n t e l l e k t u e l l e r als politische Intelligenz bezeichnen, so als sei nur eine zersetzungssuchende und keine entwicklungssuchende politische Intelligenz denkbar. Der Soziologe Stieglitz schreibt: „Die politische Intelligenz ist im machtpolitischen Kampf die schlechthin treibende Kraft. Ihr verdankt jede politische Bewegung ihre ursprüngliche Vehemenz". Hier gilt ausgemacht, daß politische Intelligenz nur eine negative Einstellung zur Entwicklung haben könne, als sei eine gewissenhafte und redliche, eine charakterfeste politische Intelligenz undenkbar. Diese müßte jedoch eine politische Bewegung ebenso zügeln wie anleiten können. Stieglitz fährt fort: „Was die politische Intelligenz d a z u befähigt, ist die Aufhebung des Gegensatzes von Geist und Macht in der Synthese des Kampfes um die Verwirklichung eines politisch-sozialen Ideals". Dieser Satz würde vertretbar, träte an die Stelle „politische Intelligenz" das Wort Intellektueller. Denn nur der Intellektuelle kann auf Grund seiner spezifischen Geisteshaltung und inneren Einstellung, also auf Grund seines Mangels an sittlich-ethischem Verantwortungsbewußtsein diese Synthese eingehen. Die redliche politische

Intelligenz kann dies niemals, sie steht außerhalb der Macht, läßt sich für keine machtpolitischen Absichten, wo diese das moralische Gesetz verletzen, gebrauchen.

So kann die Soziologie heute nur Ungefähres sagen, indem sie davor zurückscheut, gegen die Zeit zu gehen. Man muß darum noch nicht ihre Aussagen zu vernichten suchen, etwa mit dem Kampfmittel der Intellektuellen, des Zersetzens. Sie sind im selben Augenblick unerheblich und damit praktisch nicht mehr existent, da sich der Geist der Zeit wieder an der Persönlichkeit, anstatt am Intellektuellen ausbildet. Das tritt ein, sobald das Geistige durch sich selbst zur Überlegenheit zurückfindet, statt gedankenloser Anwalt der Versuchung zu sein.

Ein solcher Wechsel kommt nicht von selbst, weil Vernunft solange unzugänglich und somit unwirksam bleibt wie der Intellektualismus noch die herrschende Mode ist. Aber eines schönen Tages werden Soziologen unzeitgemäße Fragen stellen. Sie werden fragen, warum man Intellektuelle mit politischer Intelligenz gleichsetze? Aus keinem anderen Grund als den, zu keinen unzeitgemäßen Ergebnissen zu kommen! Sie werden fragen, warum Besserwisserei überhaupt ein notwendiges Merkmal der Intelligenz sein soll, wo es doch nur eine krankhafte Abweichung von ihr sein kann. Sie werden fragen, warum Intelligenz a u c h als verantwortungsbewußte Persönlichkeit denkbar ist, wo doch der Mangel an persönlicher Verantwortung den Intellektuellen kennzeichnet. Sie werden danach einen Schritt weitergehen wollen und fragen, ob verantwortungsbereite Persönlichkeit nicht grundsätzlich das Merkmal der Intelligenz darstelle oder, sofern dies nicht zutrifft, zumindest als die höchste Entwicklungsstufe der Intelligenz anzusehen sei und nicht als ihre verschrobene Abart, wie man dies heutzutage zu begründen sucht. Vielleicht werden sie bei diesem wissenschaftlichen Fragespiel bis zu der sonderbaren Erscheinung vorstoßen, daß die Erkenntnisse einer Persönlichkeit immer nur von wenigen, charakterlich vorgeformten Menschen nachvollzogen werden können, weil sie zu moralischen Folgerungen zwingen. Niemand kann aber zu einer Erkenntnis finden, der nicht die daraus notwendigen Folgerungen ziehen will. Dagegen kann der Intellektuelle wie der Rattenfänger einen ganzen Schwanz minderwertigster Kreaturen hinter sich herschleifen. Nur er vermag einen Zeitgeist zu bestimmen, indem er die trägsten Elemente der Gesellschaft in leidenschaftliche Bewegung setzt, wo die Persönlichkeit nur den aus sich schon sittlich Handelnden beflügelt.

Warum dient der Intellektuelle notwendigerweise der Zersetzung einer gesellschaftlichen Ordnung, ohne sich für die daraus ergebenden Folgen verantwortlich zu fühlen? Warum ist er die treibende Kraft eines politischen Kampfes, der zwangläufig zur Revolution führen muß, die noch zu keiner Zeit mehr als einen Bruchteil von dem wiederaufbauen half, was sie zerstörte? Und warum muß ein Intellektueller dann vom Schauplatz seines tollwütigen Wirkens abtreten? Weil sich nichts weiter als bis zum Nullpunkt zurückführen läßt! Spätestens mit dem Kannibalismus, als der Null-minus-Stufe einer menschlichen Gesellschaft, muß eine Neubesinnung eintreten, weil man das Wüstgewordene nicht weiter verwüsten kann. Was sich dann als n e u e herrschende Gesellschaft einrichtet, ist der schlechtest denkbare Ersatz für das, was man vernichtete. Was nutzt uns also Dahrendorfs Begriffserklärung: „Die klassische Haltung der deutschen Intellektuellen beruht, obzwar spannungsreich, doch immer auf der prinzipiellen und ausdrücklichen Bejahung der sozialen und politischen Gegebenheiten"?

Der deutsche Intellektuelle unterscheidet sich von anderen Intellektuellen doch nur dadurch, daß er bloß Steißtrommler einer machtpolitischen Absicht ist, wo der französische Intellektuelle noch in der Abartigkeit originell wirkt. Oder anders ausgedrückt — der französische Intellektualismus vermochte einen Sade hervorzubringen, wo es der deutsche nur bis auf Sadismus brachte. Wenn alles schaler schmeckt was deutsche Intellektuelle reden und schreiben als das was französische Intellektuelle sagen, so liegt die Ursache nicht in einer andersgearteten spezifischen Geisteshaltung deutscher Intellektueller, sondern es liegt daran, daß der deutsche Intellektuelle keine entartete Persönlichkeit ist, denn was keine Persönlichkeit war, kann nicht als solche entarten. Wo keine Engel stürzen, kann sich der Intellektuelle nur aus dem Vorgang der Nachahmung entwickeln.

Wie hilflos, weil befangen, die Soziologen unserer Zeit sind, den Begriff Intellektueller zu bestimmen, wird bei dem Vorschlag Schelskys offenbar, den Intellektuellen als die Form der Existenz des Gebildeten in unserer Zeit anzusehen. Ei freilich, warum nicht gar! Ein solcher Vorschlag kann nur heißen, daß man sich der Definition eines Begriffes bis auf morgen oder übermorgen entziehen möchte, weil einem das Ergebnis der Mühe nur persönliche Schwierigkeiten bereitet. Wer sehen kann, der sieht, daß die Intellektuellen eine geistige Diktatur über die Bundesrepublik Deutschland errichtet haben und daß sie bestimmen, wer zur geistigen Führungsschicht zählen darf. Das ist eine vorübergehende Erscheinung, die mit derselben Sicherheit vergeht wie sie kam, doch was nutzt uns dann noch die Definition des Begriffes Intellektueller, wenn er zur Beurteilung unserer Gesellschaft unwesentlich geworden ist? Sie hätte nur noch für Historiker Bedeutung, und wann bewahrte uns jemals eine geschichtliche Erkenntnis vor neuen Torheiten? Zeiten, in denen Intellektuelle aufkommen, sind Zeiten, denen das Geschichtsbewußtsein verloren ging. Zeiten, in denen Geschichte nicht mehr aufzeigt, wie es wirklich war, sondern wie es gewünscht wird, daß es gewesen sei.

INTELLIGENZ VERRÄT DIE FREIHEIT NICHT

Raymond Aron, Professor der Soziologie an der Sorbonne und, eine Seltenheit in diesem Fach, ein Mann mit Geschichtsbewußtsein, befaßte sich in einer Analyse mit der modernen Industriegesellschaft und den deutschen Intellektuellen. Schon 1955, also zu einer frühen Zeit, fällte er das bemerkenswerte Urteil über Deutschland: „Ein Teil der Intellektuellen hat Verrat geübt, weil er unerbittlich mit dem Versagen der Demokratien abrechnet, aber den größten Verbrechen gegenüber Nachsicht übt, vorausgesetzt, daß sie im Namen der guten Lehre begangen werden". Hier wird ein weiteres Merkmal der Intellektuellen sichtbar — der Mangel an Charakter.

Intellektuelle Bildung haben, heißt, ohne moralische Bildung des Willens und ohne ästhetische Bildung des Geschmacks zu sein. Wo aber das moralische Gesetz, sittlich ethisches Empfinden und ästhetischer Geschmack fehlen, da muß es auch an Bildung fehlen und man kann nicht von Kulturträgern sprechen noch von Intelligenz. Weil die Begriffe unter dem Einwirken der Intellektuellen unscharf wurden, müssen wir sie zu klären suchen. Intelligenz bildet sich in jeder Kulturgesellschaft, in der Kulturgüter geschaffen und geschaffene bewahrt und genützt werden. Im Gegensatz zu den Intellektuellen, die sich aus Kreisen aller möglichen Aufgaben zusammensetzen, ist die Intelligenz immer die Trägergruppe einer spezifischen Kulturaufgabe. Intellektueller wird man durch Entfremdung von seinen eigentlichen und ursprünglichen Aufgaben infolge Unbehagens oder auch, weil es sich für einen auszuzahlen scheint, verrückt zu spielen. Die Intellektuellen sind also weder e i n e Kulturträgergruppe, noch machen sie die Gesamtheit aller Kulturträgergruppen aus — wenn es hoch kommt, sind sie Kulturträger im Nebenberuf.

Wichtigste Kulturträgergruppe in einer Industriegesellschaft ist die Intelligenz. Die Intelligenz erbringt kulturschöpferische Leistungen. Sie erweitert, wie Theodor Geiger sagte, unser Kulturgut um neue, in dieser Form bisher nicht dagewesene Kulturgüter, sei es durch Werke von Kunstwert, sei es durch Werte von naturwissenschaftlichem Wert, sei es durch geisteswissenschaftliche Werke. Geiger möchte diese dritte Funktion als „soziale Aufgabe der Machtkritik" bezeichnen, um auch den Intellektuellen als Erzeuger einer kulturschöpferischen Leistung auszuweisen, auch wenn er keine substantielle Leistung erbringt. Dabei sollte gerade diese dritte Gruppe, die Werke von geisteswissenschaftlichem Wert erbringt, von Intellektuellen frei sein, denn der Intellektuelle ist nicht nur geschichtsscheu, die Zeiten, in denen er herrscht, zeichnen sich auch durch Armut an Philosophen aus. Philosophie ist mehr als Machtkritik. Sie kann sie enthalten, aber niemals allein aus ihr bestehen. Von solch dünner Suppe wie ‚Machtkritik' vermag nur der Intellektuelle zu leben. Des Philosophen Kritik ist das Anbieten besserer Lösungen. Sein Werk ist die Suche, nicht Zerstörung. Zweitwichtigste Kulturträgergruppe einer Industriegesellschaft ist die der hochschulgebildeten Sachverständigen. Sie wenden die Kulturgüter nützlich an, führen sie der Brauchbarkeit zu. Für sie ist der Nutzwert eines Kulturgutes entscheidend.

Die dritte Gruppe der Kulturträger stellt die der Gebildeten dar. Sie sind die Verbraucher einer Kultur. Ihre Aufgabe liegt jedoch nicht im wahllosen Insichhineinfressen aller Kulturgüter, etwa auch solcher, die nur im Verdacht stehen, Kulturgut zu sein oder als solches ausgegeben werden. Ihre Aufgabe liegt im Wägen und Wählen, um das, was von Wert ist herauszustellen und zu bewahren. Diese ihre Aufgabe wird von den Gebildeten nicht mehr erkannt oder besser — kann infolge der Bevormundung durch Intellektuelle nicht erfüllt werden. Sie getrauen sich nicht, ihr Urteil zu fällen, aus Angst, vor den übermächtigen und alles beherrschenden Intellektuellen als Banausen zu gelten. Darum flunkern sie, sagen, was ihnen die intellektuellen Souffleure einreden. Weil sie trotzdem unsichere Kandidaten bleiben, sprechen Intellektuelle gern von der Entbehrlichkeit der Gebildeten als Kulturträger.

„Es wird lange dauern," sagte mir ein Gebildeter nach einem ermüdenden Bühnenmachwerk, „bis ich mich daran gewöhne!" Es ist nicht Aufgabe des Gebildeten, sich an Unbildung zu gewöhnen! Er darf sich nicht einreden lassen, daß er Kulturbanause sei, weil er ein kulturzerstörerisches und zersetzendes Machwerk als das bezeichnet was es ist — ein geistloses, ödes Schwatzwerk. Aber der Soziologe Stieglitz sieht das so: „Rückzugsgefechte hier und dort verteidigen bis heute das längst nicht mehr erfüllbare Ideal der Allgemeinbildung. Wer will von sich behaupten, den gesamten Kulturbestand unserer Zeit auch nur in der oberflächlichsten Form sein eigen zu nennen? Was bleibt in einer solchen Situation übrig, als entsetzt zu reagieren und zu retten suchen, was noch zu retten ist? Es ist dies die Situation, in der man zum Bildungssurrogat greift, zu irgend etwas, was außerhalb des Nutzbereichs liegt, ein Steckenpferd, das stellvertretend für die nicht mehr realisierbare Allgemeinbildung fungiert".

Es hat den Anschein, als gehe es der Soziologie nicht mehr darum, das, was in unserer Gesellschaft schwer verständlich wurde, verständlich zu machen; es ist ihr Ehrgeiz, das Schwerverständliche unverständlich werden zu lassen. Denn hier wird Allgemeinbildung mit Halbbildung verwechselt. Der Halbgebildete sucht allerdings alles wahllos in sich hineinzustopfen, was als Kulturwert angepriesen wird. Er liest sich durch jede Bestsellerliste, läßt sich wie ein Blinder vor den stinkenden Haufen führen und glaubt auch, daß das Kunst sei. Er sieht es gern, wenn man ihm das Urteil über ein Werk frei Haus liefert und ist peinlich besorgt, sich in seinen Ansichten nach der Masse auszurichten. Mit Bildung hat das nichts zu tun, das ist Hobby!

Gebildete sind der Todfeind des Intellektuellen, denn sie haben das was ihm fehlt. Darum müssen sie fragwürdig gemacht und in ihrer Zweckmäßigkeit bestritten werden. Befinden sie etwas kulturlos das kulturlos ist, gilt es nicht etwa für kulturlos, sondern den Urteilenden fällt der Vorwurf der Beschränktheit zu, weil sie das Machwerk nicht als Kunstwerk erkennen konnten. Schließlich stellt man gar die Möglichkeit in Zweifel, ob es heutzutage noch Allgemeinbildung geben könne!

Ich kann aber eine Menge von Kunst verstehen, ohne die ‚Documenta' besucht oder jeden Firlefanz eines Joseph Beuys gesehen zu haben. Ich kann viel über Schauspielkunst wissen, ohne mir jedes fade Dekadenzstück anzusehen. Intellektuelle Schreiberlinge meinen immer, d e r verstünde nichts davon, der ihren öden Schnickschnack nicht als Kunst erkenne. Aber das ist noch kein Grund, daß sich Gebildete zur Unbildung erziehen. Ich kann auch ein breites geschichtliches Wissen haben, ohne mir zeitbedingte Geschichtsinterpretationen eines Golo Mann, Harry Pross oder Eugen Kogon zu eigen zu machen. Geschichtliche Bildung fängt überhaupt erst jenseits solcher geschichtlichen Abziehbilder an, dort, wo ich an die Quellenwerke herangehe. Wer meint, es sei heute nicht mehr möglich, den gesamten Kulturbestand der Zeit sich auch nur in der oberflächlichsten Form zu eigen zu machen, der muß offenbar annehmen, das sei vor fünfzig, hundert oder noch mehr Jahren möglich gewesen. Das läßt eine bedenkliche Geschichtsbildungslücke erkennen.

Allgemeinbildung ist niemals Totalbildung gewesen, sie könnte es gar nicht sein, sondern immer nur eine breite, gediegene Bildung vornehmlich geisteswissenschaftlicher Art, die den Bereich ergänzt, den man als sein Fachwissen bezeichnet. Ein überragender Geisteswissenschaftler ist immer auch Naturwissenschaftler gewesen. Wo der Naturwissenschaftler nur noch die schmale Spur seines Fachs versteht und sich niemals mit einer philosophischen Lehre kritisch auseinandersetzt, da spricht man zu recht vom Fachidioten, der statt Bildung nur ein Hobby pflegt. Es liegt nicht an der Fülle des Kulturbestandes, sondern allein am Wust wichtigtuender Unerheblichkeiten, der mit dem noch zugänglichen Restbestand an Kulturgütern vermischt dargeboten wird. Es ist die Zumutung, Unwert als Wert, Unkultur als Kultur zu erkennen, die es dem Gebildeten geraten erscheinen läßt, sein Amt als getreuer Sachwalter des Kulturbestandes zur Verfügung zu stellen und stattdessen Briefmarken zu sammeln oder den Heimwerker zu spielen. Bildung gilt heute darum unerwünscht, weil Intellektuelle für Bildung keinen Bedarf haben.

Die Zersetzung der Einflußkraft der Gebildeten durch die abwegigen Ansprüche der Intellektuellen für ihre Produkte und der damit systematisch herbeigeführte Geltungsabbau aller historischen Kulturgüter, muß zwangläufig zu einem allmählichen Schwund an Gebildeten führen. Jetzt erkennt man erst, welche wesentliche Aufgabe die Gebildeten als Kulturträger in der Gesellschaft erfüllten. Plötzlich konnte sich eine Masse dicktuender Scheingüter verbreiten und sich fast unwidersprochen als echte Kulturgüter ausgeben!

Auf einmal stellen Soziologen mit spitzem Finger die Frage, wo denn nun die unterste Grenze kultureller Wertschöpfung liege und ab wann Lebensdauer und Bedeutung einer ‚Leistung' zu gering seien, um noch gezählt zu werden. Diese wohl mehr rhetorisch gestellten Fragen wären überflüssig, gäbe es die Gebildeten noch als

Führungsschicht. Man hätte wissen müssen, daß man den humanistisch Gebildeten vergrault, wenn Intellektuelle in Führung kommen, weil diese aus den vorhandenen geistigen Ideen Fäkalien produzieren, die so geartet sind, daß sie nur Unkraut düngen. Solange keine Grenzen mehr gezogen werden dürfen zwischen Wert und Unwert, zwischen Kulturgut und Machwerk und die Frage nur nach untersten Grenzen geht, zerfließen nicht nur alle Wertbegriffe, man stellt auch alles auf den Kopf, macht Unkultur zu Kultur, Abbauleistung zu Aufbauleistung, sagt, Zersetzung sei notwendige Vorleistung für alles Neue, wo sie nur notwendig ist, um das Alte, die sittliche Verwahrlosung und kulturelle Flachheit als Zustand wiederherzustellen. Sitten, Ideen, kulturelle Werte, kurz — alle Institutionen einer Gesellschaft, muß man nicht abbauen, denn sie bauen sich von selbst ab, sobald sich etwas Besseres an ihre Stelle setzt. Alles Starke, und neu ist nur, was im Geistigen stärker als das alte ist, setzt sich von selbst durch! Nur das Kränkliche, Gekünstelte, die Scharlatanerie, braucht zuvor die totale Verwüstung, um als Wert hervorzutreten.

Wie man Zersetzungsgedanken als Entwicklungsgedanken ausgibt, das grenzt an Perversheit! Entwicklung betreiben heißt doch nicht, wie ein toller Hund durch die Szene wetzen, vorwärts, rückwärts, hin und her, mal an diesen Baum gepinkelt, mal jene Distel angeschnuppert, Hauptsache unbeständig und die Zunge aus dem Hals zum Beweis für die getätigte Bewegung. Wie weit meint man denn zu kommen, wenn jede Generation einreißen will was die vorhergehende aufgebaut? Sitzen wir etwa noch im selben Behelfsheim wie 1947? Und wenn wir uns dahin zurückbringen, so ist das, heutigen Begriffen nach, gewiß eine Leistung, aber ist es auch eine rühmliche? Wer unserer Bundesrepublik Deutschland die wirtschaftliche und soziale Entwicklung abspricht, der ist irre, wer ihr jedoch für die letzten zehn Jahre eine kulturelle Entwicklung unterschiebt, kann ebensowenig normal sein. Denn die Ursache des um sich greifenden Unbehagens ist Fehlentwicklung im Kulturbereich, deren Schrillheit uns im Kopfe dröhnt. Was da als Kultur kommt, hat nicht mehr die Resonanz des Glockentons, sondern den Geruch von Fürzen, die von schlechter Verdauung zeugen.

Keine Kulturgesellschaft kann von vorn anfangen, sie kann nur Vorhandenes ausentwickeln, kann Unbefriedigendes bessern, Gutes vollenden. Wo man das Gegenteil versucht und alle vorhandenen Werte verschleudert, läßt sich im sittlich-ethischen Bereich nichts mehr voranbringen, wohl aber auf die unteren Stufen zurückwerfen. Mängel, die nicht im gesellschaftlichen System sondern im Charakter der Menschen liegen, werden dadurch nicht aufgehoben, sie werden für alle drückender. Hören wir also auf mit dem Unfug, von vorn anfangen zu müssen, denn darin steckt keine Idee, darin sitzt nur eingedickte Unlust! Um das Ergebnis bisheriger Kulturarbeit vor Auswüchsen zu bewahren und größtmögliche Veredelung durch ständiges Strengen zu erzielen, um also den Kulturbesitz lebendig zu erhalten, bedarf ein Volk der Gebildeten, die nichts zur Kultur ihres Landes hinzufügen und dennoch dafür sorgen, daß sie beständig und entwicklungsfähig bleibt. Denn ein Kulturgut ist kein Zinnteller als Pokal für irgendeinen Sieg, den man hinter Glas setzen könnte, man muß es gebrauchen und pflegen, um es sich zu erhalten. Das Kulturgut unseres Volkes könnte sehr viel größer sein, wenn nicht gar so viele rangvolle Werke der Dichtkunst und Malerei und Musik durch Entfremdung in Vergessenheit geraten wären. Die Kultur eines Volkes ist immer nur gerade so tief, wie die Schicht seiner Gebildeten. Eine Intellektuellengesellschaft verseicht und verkarstet.

Daraus stellt sich für ein lebenswilliges Volk die Aufgabe, den spärlich erhalten gebliebenen Rest an Gebildeten als wesentlichen Kulturträger zu achten, ihn vor dem geistigen Terror der Intellektuellen zu schützen, ihm sein Selbstbewußtsein zurückzugeben, daß er nicht wie ein gehetztes Wild zwischen Kunst und Unkunst umherwetzen muß, damit die Intellektuellen als Kulturtyrannen ihn nur gar mit ihrem zynischen Spott verschonen. Vor allem muß ein Volk dafür sorgen, daß es Nachwuchs an Gebildeten bekommt und daß humanistische Bildung wieder Wertbegriff wird. Die ‚Demokratisierung der Bildung' ist ein wohlduftender Begriff, nur im Bereich der Kultur unerreichbar. Man mag sie als Ideal anstreben, doch man sollte es ohne Tricks tun, etwa, indem man den Gebildeten abschafft, denn das wäre keine Demokratisierung der Bildung, das wäre ihr Totschlag.

Wissen sie nicht was sie tun? Ist Intellektualität schon ein strafmildernder Umstand? Um der Freiheit willen sollte man sie für ihre Taten zur Verantwortung ziehen, nur — wiedergutmachen läßt sich dadurch Geschehenes nicht! Eine Genugtuung haben wir allerdings — die Aversionen der Intellektuellen verlieren im gleichen Maße an Härte, wie sie sich ihrem Ziele nähern, der Zersetzung des Gegenstandes ihres Unbehagens. Ihre Zersetzungsaufgabe hat sich dann erfüllt, eine neue wächst ihnen nicht zu. Die Ungestümheit des Totalkritikers wird schal unter der Pflicht, Mängel verherrlichen zu müssen. An der Realpolitik scheitert der Besserwisser.

DIE PERSÖNLICHKEIT WIRKT AUS SICH SELBST

Durchsichtig wird uns der schillernde Begriff I n t e l l e k t u e l - l e r , dieses flunkernd gewählte Fremdwort, sobald wir sein Gegenteil daneben stellen — die Persönlichkeit. Alles was das Wesen der Persönlichkeit ausmacht, vermissen wir am Intellektuellen, und alles was wesentlich den Intellektuellen kennzeichnet, würden wir an der Persönlichkeit vergeblich suchen. Die Ausstrahlungskraft des Intellektuellen rührt aus einer Aversion, die er mit allen anderen Intellektuellen seiner Zeit teilt. Intellektuellen sind ihre Beweggründe ebenso unbewußt wie diese einheitlich angenommen wurden. Aber die Persönlichkeit wirkt aus sich selbst.

Kant unterscheidet zwischen der moralischen Persönlichkeit und der nur psychologischen Persönlichkeit. Die moralische Persönlichkeit sei die Freiheit des vernünftigen Wesens unter moralischen Gesetzen. Die psychologische Persönlichkeit sei nur das Vermögen, sich seiner selbst in den verschiedenen Zuständen der Identität seines Daseins bewußt zu werden. Der Begriff der moralischen Persönlichkeit fällt für den Intellektuellen von vornherein weg, weil er sich unter kein moralisches Gesetz stellt und weil Zersetzung als Pflichtauftrag dem Grunde nach unvernünftig und der geistigen Einstellung nach unmoralisch ist. Ob der Begriff der psychologischen Persönlichkeit für einzelne Intellektuelle noch in Anspruch genommen werden kann, bliebe von Fall zu Fall zu ergründen. Die Intellektuellen als Gesamtheit können mit Sicherheit nicht damit bezeichnet werden.

Wir sollten den Begriff ‚Persönlichkeit' nicht schon halbieren, bevor wir ihn als Ganzes klärten. Gewiß ging es Kant nicht um die Verwässerung des Begriffes Persönlichkeit, noch um eine ungebührliche Erweiterung. Er lebte und lehrte allerdings in einer Zeit, die im tonangebenden Frankreich reich an Intellektuellen war, hingegen in Deutschland reich an Persönlichkeiten. Denn dort galt Persönlichkeitsbildung in der bürgerlichen Gesellschaft als höchstes Ideal.

Wunschziel blieb, den Menschen durch Bildung und Vollendung seiner Persönlichkeit zur Selbstverwirklichung zu führen, so wie man das heute, unter dem Niveau, mit dem Hobby versucht. Aus dem Bestreben jener Zeit heraus schrieb Schiller 1796: „Keiner sei gleich dem anderen, doch gleich sei jeder dem Höchsten! Wie das zu machen? Es sei jeder vollendet in sich". Mag der jugendliche Schiller intellektuell gewesen sein — denn Intellektualität als Jugendtorheit ist eine ebenso häufige wie flüchtige Entwicklungsstörung — so reifte er in seinem kurzen Leben zu einer der bedeutendsten Persönlichkeiten heran. Für die Marxisten darf es aber nur den jugendlichen Schiller geben.

In Konflikt mit der revolutionären Ideologie geriet in unserer Zeit auch Albert Einstein. Vor allem, wenn es um die Begriffe F r e i h e i t und P e r s ö n l i c h k e i t ging, die sich marxistisch nicht vertreten lassen. In ‚Mein Weltbild' schrieb er: „Nur das einzelne Individuum kann denken, und dadurch für die Gesellschaft neue Werte schaffen, ja, selbst neue moralische Normen aufstellen, nach denen sich das Leben der Gemeinschaft vollzieht". Noch deutlicher über die marxistische Lehre: „Die Wissenschaft kann keine Ziele schaffen noch Menschen dafür begeistern; die Wissenschaft kann höchstens die Mittel dafür bereitstellen, mit welchen sich gewisse Ziele erreichen lassen. Aber die Ziele selbst werden von Persönlichkeiten mit hohen Idealen intuitiv erfaßt".

Was aber ist eine Persönlichkeit? Eine P e r s o n ist jeder moralisch verantwortungsbewußte Mensch, darum ist sie noch nicht unbedingt eine Persönlichkeit. Im Gegensatz zum Intellektuellen, dessen gesellschaftlicher Wert in dem liegt was er schreibt und sagt, beruht der gesellschaftliche und ethische Wert der Persönlichkeit und ihrer Ausstrahlungskraft auf der Stärke und Folgerichtigkeit ihres Verhaltens und der Einheit von Charakter, Eigenheit der Vorstellungen und der Art des Handelns. Nicht auf den Inhalten von Massenbewegungen und Massenerlebnissen beruht die Persönlichkeit, noch, wie beim Intellektuellen, auf den Inhalten von kollektiven Aversionen, sondern immer nur auf der Art, w i e sie zu erleben vermag. Dabei ist eine Persönlichkeit durchaus nichts Festgefügtes, Dauerndes, sondern sie ist beweglich, wachsend oder verkümmernd, wandelt sich, wird deutlicher geprägt oder zerfließt in die Breite. Solche Entwicklungen gibt es immer, auch wo sie sich kaum merklich vollziehen, was nicht unbedingt mit der Gemütsart der Persönlichkeit zusammenhängt, sondern auch von der Frage bestimmt wird, ob sie sich im Widerspruch oder in der Übereinstimmung mit den herrschenden Mächten befindet. Wo sie aber in Widerspruch dazu steht, liegt die Ursache dazu nicht in Aversionen, sondern in der Unmoral der Herrschenden, und die Absicht ist nie die Zersetzung, sondern die Verbesserung.

Zuweilen ist die Persönlichkeit nicht jener Fels in der Brandung oberflächlich unruhig und unterschwellig nervös treibender Massenbewegungen, was immer dann zutrifft, wenn äußere Einflüsse stärker auf ihre Ausbildung wirkten als die ichhaften Einflüsse. Solche von äußeren Bewegungen stärker beeinflußten Persönlichkeiten waren Schelling und Wieland und Thomas Mann und Albert Einstein, die immer wieder zu sich selbst in Widerspruch gerieten und mit gewisser Leichtfertigkeit aufnahmen, was von außen auf sie einwirkte. Ihnen gegenüber stehen die Persönlichkeiten, die i h r e n Weg gingen, auch wo sie sich dadurch in Widerspruch zur jeweils herrschenden Moderichtung brachten — wie Schopenhauer, Klopstock, Goethe, Spengler. Ihnen nahe sind jene Persönlichkeiten, die in ihrer Jugend durch äußere Ereignisse in eine Bewegung geworfen wurden, die sie nach herangereifter Persönlichkeit nicht mehr mit sich vereinbaren konnten. Als Beispiel sei Schiller genannt. Doch auch bei Goethe, in dessen Entwicklung es keinen solchen Bruch gab, ist eine gleitende Entwicklung der Persönlichkeit zu erkennen. Man vergleiche den Goethe, der den Götz von Berlichingen schrieb oder den Werther mit jenem, der die Wahlverwandtschaften geschrieben hat!

Unpersönlichkeiten halten solche Wandlungen der Persönlichkeit für ein Makel. Sie übersehen, daß Persönlichkeit und Entwicklung gar nicht von einander zu trennen sind. Denn wo die Entwicklung aufhört, stirbt die Persönlichkeit. Nur darf man sich unter Entwicklung keine zischend steigende Kraftmessersäule denken, wie beim Hau-den-Lukas auf der Kirmes. Bloßes Schwimmen in politischen Tendenzwellenbädern ist kein Zeichen für Persönlichkeit. Wer nur dumpfe Leidenschaften schürt und, statt Antrieb zur Persönlichkeitsentfaltung, nur Antrieb zur Unlust gibt, besitzt keine Persönlichkeit, ist nur Scharlatan. Und wer zu jeder Zeit das ist, was ihm gerade Vorteil bringt, hat nicht einmal den Schatten einer Persönlichkeit, ist nur Wechselbalg.

Die Notwendigkeit der Entwicklung für die Persönlichkeit wird gern dazu mißbraucht, die Ideologie einer Gleichheit zum Naturgesetz zu erheben, indem man sagt, daß alle Persönlichkeit nur das Ergebnis einer an jedem vollziehbaren Reihe von Entwicklungen sei und sonst nichts. Menschliche Entwicklungen wären dann bloß die

Folge von Milieueinflüssen. Kurt Breysig sagte: „Folgerichtig zuende denken läßt sich das nicht, denn wäre diese Anschauung richtig, so würde ein beliebig neugeborenes Kind, das man am 28. August 1749 dem von der Frau Goethe zur Welt gebrachten Sohn unterschoben hätte, in der weiteren Entwicklung den Dichter Goethe ergeben haben, vorausgesetzt, daß alle anderen Umstände dieselben gewesen wären, wie sie Goethes Entwicklung beeinflußten". Eltern von Zwillingen können diese Annahme leicht widerlegen. Nicht das gleiche Milieu, nicht einmal dieselben Eltern, sondern die Frage, ob es sich um eineiige Zwillinge handelt, entscheidet über Gleichheit oder Ungleichheit der Persönlichkeiten. So wahr es ist, wie Kant in seiner Kritik der reinen Vernunft feststellt, daß alle unsere Erkenntnisse mit der Erfahrung anfangen, demnach auch eineiige Zwillinge durch unterschiedliche Erfahrung unterscheidbarer werden, so führt der rein materialistische Deutungsversuch dennoch zu weit, bei dem ein neugeborenes Kind mit einer Statue verglichen wird, in der ein Sinn nach dem anderen erwacht und nun seinen Teil dazu beiträgt, die Seele mit Inhalt zu füllen.

Persönlichkeit kann niemals ausschließlich erworben sein, sie wird zu einem Teil zugleich Ererbtes zeigen, auch wenn man nicht gleich so weit gehen mag wie Leibniz, der sagte, daß alle Grundzüge der menschlichen Eigenart bereits bei der Geburt vorhanden seien; die Seele könne ohne sie keine Einflüsse von außen her empfangen. Selbstverständlich hängt das, was an Impulsen von außen her in das Gehirn einlangt, von dem in ihm bestehenden Spannungsfeld ab, so daß zwei Menschen, die im selben Milieu leben, bei gleichen Wahrnehmungsmöglichkeiten durchaus verschieden wahrnehmen. Was jemand lernt, und sieht und wahrnimmt, hängt davon ab, was für ein Mensch er ist. Das befreit ihn nicht von der Aufgabe, sich Persönlichkeit zu erwerben, um sie zu besitzen, es bestimmt jedoch die Art und Stärke der Persönlichkeit.

Jede Person, die sich Persönlichkeit erwarb, erwarb sich damit Rechte und Pflichten, indes sich eine Person, die sich Intellektualität erwarb, nur Rechte anmaßt. Die erste Pflicht der Persönlichkeit ist das Selbstverständnis, verantwortlich für ihr Handeln einzutreten und für seine Folgen aufzukommen. Ein solches Verantwortungsbewußtsein wäre dem Intellektuellen untragbar, weil bei ihm Absicht und Wirkung weit auseinandergehen. Die Persönlichkeit kann eine solche Verantwortung tragen, weil sie keine zügellosen Leidenschaften aufpeitscht, sondern immer nur den einzelnen in seiner

Selbstverantwortlichkeit anspricht und an ihn wie an sich selbst Anforderungen stellt. Das Recht, das der Persönlichkeit dadurch zukommt, ist das Recht auf Achtung, das Recht auf Würde der Person wegen ihres besonderen Wertes für die Gemeinschaft, weil sich die Persönlichkeit nicht nach triebhaften Leidenschaften entwickelt, sondern zunächst sich selbst unter strenge Gesetze stellt. Dieses Recht auf Achtung nennen wir Autorität.

Unter dem Einfluß der Intellektuellen fand eine groteske Verkrampfung des Persönlichkeitsbewußtseins statt. Ebenso verkrampfte sich auch das Autoritätsverständnis. Die Folgen davon lassen sich als kindisches Verhalten gegenüber der Persönlichkeit und ihrem gewachsenen Anspruch auf Autorität bezeichnen. Es bringt keine Befreiung, sondern bedeutet die Versuchung einer Jugend, sie zu verführen, sich unter dem Ruf nach F r e i h e i t der verantwortungsbewußten Autorität der Persönlichkeit zu entziehen, um sich auf Gedeih und Verderb gewissenloser Haßautoritäten anzuvertrauen. Denn in der Geschichte ersetzten solche Übungen zur Autoritätslosigkeit nur die Vielheit rechtlich erworbener und zu persönlicher Verantwortung verpflichteter Autoritäten durch die Autorität der Willkürherrschaft, die niemand für Fehlleistungen zur Verantwortung ziehen kann.

Autorität im bürgerlichen Sinne heißt Ansehen, Würde und moralische Machtbefugnis kraft erworbener Persönlichkeit. Es müßte uns unsinnig erscheinen und unseren Einspruch hervorrufen, wenn sich Intellektuelle dasselbe Ansehen, dieselbe Würde und gar noch moralische Machtbefugnis anmaßen, ohne sich für irgendetwas verantwortlich zu fühlen was sie in ihrer Aversion bewirken! Denn Persönlichkeit ist gleichbedeutend mit Verantwortungsbewußtsein, so wie der Begriff Intellektueller die Verkörperung totaler Unverantwortlichkeit darstellt. Das bürgerliche Gesellschaftssystem konnte nicht immer verhindern, daß auch Personen Autorität erlangten, deren Persönlichkeit nur mangelhaft entwickelt war, die darum aus mangelnder Selbstsicherheit keine fremde Meinung neben sich dulden konnten. Hingegen begünstigt das sozialistische Gesellschaftssystem gerade das, was in der bürgerlichen Gesellschaft Ausnahmeerscheinung blieb. In allen sozialistischen Staaten finden wir eine Anhäufung von Fällen, in denen Personen Autorität genießen, die über keinerlei Persönlichkeit verfügen und darum unduldsam ihre Macht ausüben. Wer nicht überzeugen kann, muß zwingen. Nicht eine durch Persönlichkeit erworbene Autorität beschränkt die Freiheit eines Volkes, sondern immer nur die angemaßte Autorität, die ihre Macht vor lauter Minderwertigkeitskomplexen soweit mißbraucht, bis nichts Wertvolles mehr neben ihr bestehen bleibt. Solche Autorität verbirgt sich gern hinter dem totalen Machtanspruch einer gewaltverkündenden Partei, die lehrt: „du m u ß t einsehen, daß d a s die alleinige Gerechtigkeit ist, oder wir werden dich durch unseren Vernichtungswillen dazu zwingen!". Das ist die Baader-Meinhoff-Autorität! Das ist die Che Guevara-Autorität! Wir erkennen sie an ihrer schonungslosen Gewalt — an ihrer Besserwisserei!

Wo die Autorität der Persönlichkeit aufhört, da wird die Freiheit unter den Füßen einer zur Raserei aufgehetzten Masse zerstampft. Eine kleine Gruppe verantwortungsloser Ideologen erhebt sich dann zur neuen Autorität. Mit Unfehlbarkeitsanspruch! Begreifen wir, daß es keine persönliche Freiheit geben kann ohne eine Vielheit von Autoritäten, die aus Persönlichkeiten hervorgegangen sind. Eine antiautoritäre Gesellschaft ist eine Massengesellschaft ohne Persönlichkeiten, in der sich alle Würde auf eine einzige Person richten muß, die nur hinter einer alles beherrschenden und allwissenden Partei sichtbar wird, weil sie selbst keine Persönlichkeit besitzt. Denn Anarchie bleibt immer nur ein vorübergehender, kurzlebiger Zustand. Um das irrsinnige Durcheinander, das die zerstörte Sittlichkeit und die herbeigeführte Unordnung erbrachte, wieder zu ordnen, muß man von vorn anfangen. Dann zeigt sich, welch dummes Kinderspiel es war, eine Masse zu verführen, und wie schmerzhaft es sein muß, sie zur Sittlichkeit zurückzuführen! Darum steht am Anfang jeder Neuen Gesellschaft die Sklavenhalterei, in der niemand zu Würde und einer Winzigkeit an Freiheit findet, der sich nicht durch das Nadelöhr der unbedingten Parteihörigkeit zwängt. Solche ‚Freiheit' steht und fällt mit der Parteilichkeit. P e r s ö n l i c h e Freiheit findet man nur durch Vernunft — als Persönlichkeit, die sich aus sich selbst unter moralische Gesetze stellt. Welten des Geistes trennen die Persönlichkeit vom Intellektuellen.

Unsere Jugend läuft Gefahr, die Widersprüche, die zwischen Worten und Taten der Intellektuellen liegen, zu übersehen. Sie beurteilt die Intellektuellen nach ihren Meinungen und nicht nach dem, was diese Meinungen bewirken, glaubt ihren vorgegebenen Absichten, prüft nicht, was sie bei den Mitteln, die sie dazu gebrauchen, erzielen müssen. Darum trifft alle Schuld jene, die die seelischen Angstzustände heranreifender Menschen mißbrauchen, indem sie deren Fähigkeiten, ebenso blind zu hassen wie zu lieben, dazu benutzen, sittliche

Ordnungen zu zerschlagen und den Führern der Gewalt jedes Recht zuzusprechen. Die Einstellung des Jugendlichen zur Gesellschaft ist noch nicht mit der einer ausgereiften Persönlichkeit zu vergleichen, die weiß, daß vor jedem Recht die Pflicht, vor jedem Anspruch die Leistung stehen muß. Wieviel jugendliche Eitelkeit wächst dabei über den vertretbaren Anspruch auf Stolz hinaus, entartet zu Überheblichkeit!

Die Bindungen, die diese jungen Menschen im Haß eingehen, sind ebenso fest und währen oft länger als die, die sie in Liebe hätten eingehen können. Die Mängel, die sie an anderen zu sehen lernten, sind Mängel, die in ihnen selbst stecken. Was ihnen fehlt ist das, was allen Personen, denen es an Persönlichkeit mangelt, fehlt — die Kunst der Unterscheidung und die abwägenden Zwischenstufen im Urteil. Wie die Unpersönlichkeiten haben sie Mühe, abweichende Meinungen zu dulden, unterscheiden nur zwischen Dummköpfen und denen, die mit ihnen einer Meinung sind. In jedem Andersdenkenden sehen sie eine Macht, die es zu tilgen gilt. Phantasie ohne Persönlichkeit bleibt unschöpferisch. Sie ist intellektuell, sie ist unduldsam.

DIE PERSÖNLICHKEIT UND IHR AFFE

Seit wann gibt es Intellektuelle? Mit dieser Frage beschäftigte sich auch Thomas Molnar in dem in Amerika erschienenen Buch ‚Der Niedergang des Intellektuellen'. In der deutschen Übersetzung gab man ihm den Titel ‚Kampf und Untergang der Intellektuellen'. Daran stimmt zweierlei nicht — ein Intellektueller kämpft nicht, er agitiert und flieht bei Widerstand, und er geht nicht, sondern t a u c h t unter. Der Untergang der Intellektuellen, als Vorstellung eine Wohltat, läßt sich als dauerhafte Möglichkeit gar nicht in Betracht ziehen, weil sich die menschliche Gesellschaft in einem ständigen Auf und Ab entwickelt, wobei man die Aufwärtsentwicklungen als Besserung empfindet, die Abwärtsentwicklungen hingegen als Fortschritt bezeichnet. Sobald wir die gesellschaftliche Rolle des Intellektuellen begreifen, können wir wieder auf Aufwärtsentwicklung hoffen.

Als 1966 die deutsche Übersetzung von Molnars Buch erschien, konnte von einem Niedergang der Intellektuellen gar keine Rede mehr sein, denn sie wucherten wie Unkraut und begannen, die Gebildeten zu verdrängen. Anders zu der Zeit, als die Originalausgabe erschien, in den späten fünfziger Jahren, da begannen die Intellektuellen Amerikas gerade erst wieder ihr ausfälliges Selbstbewußtsein zurückzugewinnen. Doch es bereitet Molnar Mühe, den Begriff Intellektueller von dem des Gebildeten zu trennen. Amerikaner finden die englische Bezeichnung ‚educated people' für Gebildete zu lang und ungenügend wendig. Sie gebrauchen stattdessen i n t e l l e c t u a l — sowohl für Intellektuelle wie für Gebildete. Noch schwieriger findet es Molnar, schon damals den neuen Aufstieg der Intellektuellen zu wittern. Er sah nicht, daß deren Niedergang unter Dulles und McCarthy recht oberflächlich blieb und nur als Ducken bezeichnet werden konnte. Obwohl Molnar selbst zweifelte, ob das, was er auszusagen versuchte, geschichtlich haltbar sein würde, schrieb er: „Es ist in der Tat am besten, die Anwendung dieses Begriffes (Intellektueller) auf ungefähr sechs Jahrhunderte zu beschränken, also etwa aus dem Jahre 1300 bis zur Mitte unseres Jahrhunderts". Davon stimmt weder Anfang noch Ende. Wenn auch nur Kenner Alter Geschichte wissen, wie beliebig Molnar das Jahr 1300 wählte, so muß die Endbegrenzung ‚bis zur Mitte unseres Jahrhunderts' also bis etwa 1950, auch einen Menschen ohne Geschichtskenntnis zum Lachen bringen. Denn nach 1950 ging die Intellektualisierung erst richtig los.

Intellektuelle gehören zu jeder vergangenen Kultur. Sie waren ihre Vernichter. Jede zeitliche Beschränkung in der Erscheinung des Intellektuellen birgt Gefahr, daß man einst wieder für überwunden und keiner weiteren Aufmerksamkeit für wert halten könnte, was wie ein Keim tief im Volke sitzt und mit jeder Wohlstandszeit neu aufwuchert. Der Intellektuelle ist ewig. Doch die Versuchung ist groß, allem, auch dem, was vorgeschichtlich schon war und nachgeschichtlich noch sein wird, Geschichte zu geben. Geschichtsschreiber des vierzehnten bis siebzehnten Jahrhunderts hofften dem zu entgehen, indem sie ihre Darstellungen bei Adam und Eva begannen. Dann erkannte man, daß auch Gott eine Geschichte haben müsse und gab es auf, ‚von Anbeginn' zu schreiben. Jeder Anfang einer geschichtlichen Darstellung ist somit nur ein Schnitt in eine seit unbestimmter Zeit laufende Entwicklung. Er richtet geistige und historische Grenzen auf, die so nie bestanden haben und die nicht mehr bestehen, sobald man für seine Geschichte einen neuen Anfang sucht. Es ist zu vermuten, daß bald nicht mehr Erasmus und Luther, sondern Rousseau und Voltaire die Grenze zwischen mittelalterlicher und neuzeitlicher Geschichte bestimmen werden. Das ist aber nur eine Frage des Standpunktes. Wo Intellektuelle den Standpunkt zur Geschichtsbetrachtung bestimmen, ist Voltaire ein guter Anfang, Neue Geschichte zu beginnen. Er gibt ein Musterbeispiel für Intellektualität. Schon die Art seiner Aversionen und Vorurteile kennzeichnet ihn.

Für Voltaires Vorurteile beispielsweise gegen Westfalen gibt es eine nachweisbare Ursache. In seinem Cahiers de lecture schimpft er: „In Westfalen findet man Hütten welche man Häuser nennt, in welchen Tiere leben, die man Menschen heißt". Mir, einem Westfalen, bereitet dieses Urteil Vergnügen, gibt es doch mehr über seinen Verfasser zu erkennen als ihm lieb sein könnte. Voltaires Kenntnis über Westfalen war, im Gegensatz zu den sonstigen Kenntnissen dieses Intellektuellen, durchaus aus erster Hand, oder richtig, aus eigener Erfahrung. Das kam so! Als Voltaire die Ehre hatte, mit Friedrich dem Großen die preußischen Besitzungen in Westfalen zu bereisen, wurde der König von Ravensberger Bauern herzlich empfangen. Weil Preußens Adler eine ebenso strenge wie gerechte Ordnung verbürgte, herrschte auch Wohlstand. Vergleiche lagen damals noch nahe, denn bis zum nächsten Ländlein war's nicht weit. Friedrich hielt mit seinem Gefolge zu Brakwede, um Nachtlager zu nehmen. Die Bauern eilten herbei, den König zu grüßen. Einer fragte den Pagen, wer denn der bucklige häßliche Zwerg sei, der da im Begleitwagen des Königs in dicken Pelzen gehüllt sitze. Der Page antwortete: „Das ist des Königs Affe; seht nur zu, daß er ihm nicht entläuft!" Die Bauern liebten ihren König und hätten es niemals geduldet, daß er etwas, das ihm gehört, verliert. Als Voltaire der Karosse entstieg, liefen die Bauern herbei, bleckten die Zähne und hetzten ihn unter bestialischem Gebrüll zurück in den Wagen. Seit jenem Abend war Voltairs Geographie um den Begriff ‚Westfalen' bereichert, und er ist nie freundlich darüber zu sprechen gewesen. Doch die Ravensberger Bauern fühlten sich glücklich, dem König seinen Affen erhalten zu haben.

Wollte man Friedrichs Vorliebe für Voltaire auf ihre Ursache zurückführen, denn es lassen sich keine verschiedenartigeren Charaktere denken als diese beiden, so müßte man bis in die Jugend Friedrichs zurückgehen. Wir wissen, wie unzufrieden der Vater, Friedrich Wilhelm der Erste, mit seinem zweitjüngsten Sohn Friedrich war, der nach dem Tod der beiden älteren Brüder Kronprinz wurde. Dieser gegen sich selbst wie gegen andere strenge und gottesfürchtige König konnte 1730 nur mit Mühe durch den kaiserlichen Hof zu Wien und den König von Polen davon abgehalten werden, seinen Thronerben wegen versuchter Flucht nach England vom Kriegsgericht als Deserteur zum Tode verurteilen zu lassen. Ein strenggläubiger Vater bekommt selten fromme Söhne. Die Spottschriften Voltaires gegen alles was Kirche und Geistlichkeit hieß, fanden im Kronprinzen von Preußen ihren heimlichen Leser. Hier lagen Anfang und auch schon Ende der geistigen Beziehung zwischen Friedrich dem Großen und Voltaire.

Mit vierundzwanzig Jahren schrieb Friedrich seinen ersten Brief an Voltaire. „Ich glaube, aus Ihren Werken den Charakter ihres geistvollen Verfassers erkannt zu haben, der eine Zierde unseres Jahrhunderts und des menschlichen Geistes ist." In seiner jugendlichen Schwärmerei fügte er hinzu: „Ich wage sogar, ohne Verkleinerung fremden Verdienstes, zu behaupten, daß man auf der ganzen Welt keinen einzigen ausnehmen dürfe, dessen Lehrer Sie nicht sein könnten". Bei der ersten persönlichen Begegnung zeigte sich, daß der Intellektuelle Francois Marie Voltaire der Persönlichkeit Friedrich des Großen nicht gewachsen war, geschweige, ihr etwas hätte hinzufügen können. Man darf Intellektuelle eben nie nach dem beurteilen, was sie schreiben oder sagen, sondern nur nach dem, was ihre Worte aus ihnen machen. Sie stellen tausend Forderungen an andere und keine an sich selbst.

Vierzehn Jahre später, im Juli 1750, kam Voltaire nach Sanssouci. Das Ansehen, das er zunächst in Deutschland genoß, verdankte er allein des Königs Zuneigung. Friedrich ließ ihm eine Reiseentschädigung von zweitausend Talern anweisen und bot ihm auf unbegrenzte Zeit freie Station in seinem Schloß an, damit er ungestört seinen Arbeiten nachgehen könne, mit der einzigen Gegenleistung, ihm dann und wann seine französischen Verse zu verbessern. Dafür fiel ihm das Recht zu, an der Tischgesellschaft des Königs einen Ehrenplatz einzunehmen. Habgier trieb Voltaire, für sich aus der Neigung des Königs die größten Vorteile zu ziehen. Er brachte Friedrich dazu, daß er ihn zum Kammerherrn ernannte, ihm ein Gehalt von zwanzigtausend Taler aussetzte, ihm Dienerschaft und Equipage gewährte. Doch es ist sonderbar mit diesen intellektuellen ‚Menschenfreunden', sie schreiben wie Heilige und leben wie Säue. Obwohl der König Voltaire wie einen Fürsten beschenkte, hörte dieser nicht auf, in Berlin Wuchergeschäfte und Betrügereien zu machen. Es kam zum Prozeß, bei dem ihn der jüdische Bankier Hirschel des Vertragsbruchs verklagte.

Lessing, der damals als Kritiker für die Vossische Zeitung schrieb, urteilte dazu: „Und kurz und gut den Grund zu fassen, warum die List dem Juden nicht gelungen ist, so fällt die Antwort ohngefähr: Herr Voltaire war ein größerer Schelm als er"! Tatsächlich kann Voltaire Urkundenfälschung nachgewiesen werden, weil er den Vertrag mit Hirschel nachträglich änderte.

Der König, den charakterloses Handeln anwiderte, schrieb im Februar 1751 an seinen Gast Voltaire: „Ich selbst habe bis zu Ihrer Ankunft in meinem Hause Frieden gehabt, und ich muß Ihnen sagen, daß Sie mit Ihren Intrigen und Kabalen nicht an den rechten Mann gekommen sind." Friedrich schloß den Brief: „Ich mag gern sanfte, friedliche Leute, die nicht die heftigen Leidenschaften aus dem Trauerspiel in ihr Betragen hereinziehen". Dennoch wäre der König bereit gewesen, all das Widerwärtige am Wesen dieses Mannes mit Schweigen zu übergehen. Auf einen Brief Voltaires antwortete er 1754: „Sie müssen sich erinnern, daß, als Sie nach Potsdam kamen, um Abschied zu nehmen, ich Ihnen versprach, gerne alles vergessen zu wollen was vorgefallen, wenn Sie mir Ihr Ehrenwort darauf gäben, nichts mehr gegen Maupertuis zu unternehmen. Wenn Sie gehalten hätten, was Sie mir damals versprochen, hätte ich Sie mit Freuden wiederkommen sehen, Sie hätten alsdann Ihre Tage ruhig bei mir verlebt, und anstatt sich selbst zu beunruhigen, wären Sie glücklich gewesen".

Voltaire hatte den Ehrgeiz, den Präsidenten der Berliner Akademie, den Franzosen Maupertuis, bei Friedrich in Verruf zu bringen, um selbst Präsident dieser Akademie zu werden. Maupertuis war der Falschheit und Hinterlist Voltaires nicht gewachsen, verließ Berlin, um erst ein Jahr später, auf Bitten des Königs, dorthin zurückzukehren. Jedoch ein Vertrauen, das durch rücksichtsloses Ränkespiel erschüttert wurde, läßt sich ganz nie wieder herstellen, dafür hat ein Präsident der Akademie zuviele Neider, und nichts wird bereitwilliger kolportiert als das Gemeine und die Lüge, was das Wirken der Intellektuellen so gemeingefährlich macht. Maupertuis verließ darum Berlin für immer.

Dies böse Spiel trieb Voltaire immer wieder. Als 1764 sein ‚Philosophisches Wörterbuch' erschien, zu dem die Anregung mehr als zehn Jahre zuvor bei einem Tischgespräch mit Friedrich dem Großen kam, schrieb er sofort an alle ihm bekannten Leute in Paris, daß er mit diesem literarischen Teufelswerk nichts zu tun habe und er jeden bitte, diese Nachricht zu verbreiten. Die Intellektuellen möchten heute daraus gern die tödliche Bedrohung Voltaires nachweisen — er habe sich vor der Zensur schützen müssen. In Wirklichkeit wollte Voltaire nur an die Stelle des gerade verstorbenen Kardinals Fleury in die Pariser Akademie gewählt werden, was nicht gelang, weil jeder wußte, daß er der Verfasser des ‚Philosophischen Wörterbuches' war, das übrigens keinen Schlüssel zur Philosophie enthielt, sondern nur Pamphlet war. Als dann wieder einmal die hochdotierte Ehrenstelle in der Pariser Akademie zu vergeben war, stellte er sich schlauer an; er verfaßte eine Schrift, in der er den gerade regierenden Ludwig den Fünfzehnten mit einem der bedeutendsten römischen Kaiser, mit Trajan, verglich. Das ist, als würde Brandt durch Günther Grass zum Bismarck des Deutschen Reiches erhoben oder mit Karl dem Großen verglichen. Doch dieses alberne Werklein erbrachte Voltaire die ersehnte Würde.

Als Voltaire 1778 im hohen Alter von vierundachtzig Jahren starb, war er nicht nur der Verfasser vieler schlüpfriger Romane, sondern auch ein ungewöhnlich reicher Mann, obwohl er niemals sparsam gelebt hatte, sondern schon als Kind den Luxus liebte, wie ein Fürst zu speisen und sich wie ein König zu kleiden. Sein Besitz umfaßte zwanzig Herrschaften mit tausendzweihundert Untertanen und einem Jahresertrag von hundertsechzigtausend Talern. Er besaß prächtige Villen und herrliche Schlösser, Gemäldegalerien und Bibliotheken, endlose Sammlungen an Nippfiguren und Kuriositäten. Er beschäftigte einen Rattenschwanz an Lakaien, Postillionen, Sekretären, verfügte über einen Park an Wagen, über einen eigenen Koch und einen Feuerwerker, über ein Haustheater und sogar über eine eigene Kirche mit der Inschrift ‚Gott erbaut von Voltaire'.

Wie dieser größte Schelm seiner Zeit in den Geruch der Menschenfreundlichkeit gelangen konnte, wo er zu seiner Zeit nur die Witzfigur der gemeinen Völker Europas war, bleibt ein Geheimnis literarischer Giftmischerei. Voltaire war ein Zyniker, der vom Volke sagte, es gleiche dem Ochsen, der das Fressen brauche und einen Dorn, der ihn treibt. Gewiß schrieb er wie ein Heiliger und hat zuweilen, nicht ohne Eigenliebe und listige Hintergedanken einen winzigen Teil seines ergaunerten Geldes als Almosen vergeben. Welcher Reiche hätte das niemals getan, dennoch wird es nur Voltaire als gute Tat angerechnet!

Schiller durchschaute Voltaire: er vermißte in dessen vorgetragenen Empfindungen die Ernsthaftigkeit. Und bei Herder können wir lesen: „Der philosophische Geist, den die Voltaire und Konsorten eingeführt haben, ist doch trotz seiner hageren Gestalt, seiner wankenden Schritte und klappernden Zähne das Mordgespenst des Jahrhunderts, das nicht nur im Finstern daherschleicht, sondern selbst wie die Pest am Mittag verderbt".

Damit rührt Herder eine Kernfrage an — wie ein solch zahnloses altes Weib wie die Intellektualität solche Wirkung haben kann! Gehen wir der Sache nach, stoßen wir auf einen Widerspruch, dem, daß ein Intellektueller wie Voltaire in einer Zeit mächtigen Einfluß gewann, in der nach unserem Kindergeschichtsbuch der Despotismus herrschte und mit seiner Unduldsamkeit und geistigem Terror jede abweichende Meinung unterdrückte. Hätte es diese Art Despotismus gegeben, könnte es in ihm keinen Voltaire und Rousseau und Helvetius gegeben haben! Gab es etwa im Frankreich unter Ludwig dem Fünfzehnten unendlich mehr Freiheit als im Rußland unter Breschnew? Denn dort gibt es nichts, was mit diesen dreien vergleichbar wäre.

Trotz der vielen Behinderungen und kurzen Haftzeiten hat Voltaire unter wenig Gefahren die staatsgefährdendsten Schriften schreiben und herausbringen können. Daß er es anonym tat, ist ohne Bedeutung, denn das meiste wurde anonym herausgebracht, auch Goethes Götz von Berlichingen erschien anonym. In sozialistischen Staaten hätte sich Voltaire mit einer einzigen seiner Schriften lebenslänglich Zuchthaus verdient, daran kann gar kein Zweifel sein, vorausgesetzt selbstverständlich, sie hätte nicht die Monarchie, sondern den Kommunismus in Frage gestellt. Stattdessen erlangte Voltaire im Staate Ludwig des Fünfzehnten ungewöhnlichen Ruhm, und zwar als Philosoph, ohne eine einzige philosophische Idee entwickelt zu haben, als Historiker mit „historischen" Werken, die vor Fehlern und Fälschungen strotzten, als Persönlichkeit, trotz eines unmoralischen Lebenswandels, als Dichter, obwohl seine literarischen Werke über das Niveau von Trivialliteratur nicht hinauskamen, als Märtyrer, bloß wegen kleinerer Strafen, die seine vielen straffrei gebliebenen Spitzbübereien kaum abdecken konnten. Das war nur möglich, weil jener König von Frankreich nicht alleiniger Herrscher seines Reiches gewesen ist. Er mußte seine Macht mit anderen teilen. Etwa mit dem einflußreichen Mittelstand Frankreichs, den Fabrikanten, Reedern und Grundbesitzern. Sie machten sich eigene Vorstellungen, wie der König zu herrschen habe, wußten sich auch durchzusetzen, als des Königs Finanzminister Turgot meinte: „Es ist eine Illusion, gleichzeitig die wirtschaftlichen Interessen des Landes und die Sache der Monarchie schützen zu wollen". Da rächten sie sich, indem sie einen Wurm aufzogen, der die Kirche, die einzige Macht, auf die sich der König stützen konnte, durchlöcherte. Und dieser fraßsüchtige Wurm hieß Voltaire, der mit seinem galligen Spott alles zerfraß. Ohne diese Großbürger Frankreichs wäre der König ein Habenichts gewesen, denn die Kirche konnte nur nehmende Hand sein. Sie wußte mit dem König, Reichtum durchzubringen, nicht aber, ihn zu mehren. Als Ludwig der Fünfzehnte um 1750 eine allgemeine und direkte Steuer einführen wollte, die jeden, außer Adel und Kirche, belasten sollte, lenkte die besitzende Klasse des Bürgertums alle Aufmerksamkeit auf die riesigen Besitztümer der Kirche und auf die steuerfreien Pfründe der Geistlichkeit. Dabei war Voltaire ihr Mann! Hätte Voltaire nicht die Kirche, sondern das bürgerliche Kapital mit seinem Spott belegt, niemand würde heute seinen Namen kennen.

HELLENE ODER NAZARENER?

Ist Freiheit notwendigerweise mit geistigem Wildwuchs verbunden, den wir als Intellektualität bezeichnen? Dann wäre alles Streben nach Freiheit ohne Sinn, denn durch das Aufwuchern von Intellektuellen würde bald alles wieder erstickt was Menschen frei macht — Treue zum sittlichen Denken eines Volkes, Ehrfurcht vor seinen zeitlosen Idealen, Achtung vor den Leistungen des Meisters, vor allem aber, Achtung vor dem moralischen Gesetz. Wir dürfen niemals glauben, daß dies das notwendige Schicksal der Freiheit sei, wir müssen nur erkennen, welch Krebsgeschwulst am Körper eines Volkes der Intellektuelle ist — er zersetzt jede sittliche Ordnung, vertauscht mit verführerischsten Worten das moralische Gesetz mit Verwilderung und Perversion. Durchschauen wir die Eitelkeit, aus der heraus intellektuelle Versucher ihr Amt des Versuchens wie ein uneigennütziges Hilfswerk anpreisen, so können wir sie vom Sockel stürzen, auf den sie sich selbst stellten!

Es ist nicht wahr, daß Freiheit zuschanden komme ohne den Intellektuellen, weil nur er es wage, Kritik an Fehlentscheidungen und eingefleischten Mißständen zu üben. Kritik wird mit den Intellektuellen nicht abgeschafft, sondern ohne sie erst wirksam. Wo der Intellektuelle blind dreinschlägt und den Mißstand im einzelnen durch die Herbeiführung des totalen Mißstandes zu kurieren sucht, da streitet die Persönlichkeit nicht um des Raufens, sondern um der Verbesserung willen. An den Verhältnissen des vorigen Jahrhunderts läßt sich das deutlich beweisen. Wie sahen sie denn aus, die zwanziger und dreißiger Jahre des neunzehnten Jahrhunderts! Jene beiden Jahrzehnte und das danach wurden von intellektuellen Journalisten und Literaten beherrscht. Das gibt uns doch das sicherste Zeichen, welche Art Freiheit bestand — Freiheit im Sinne von Sorglosigkeit gegenüber dem Tun verantwortungsloser einzelner in der Gemeinschaft des Volkes! Um nur gar nicht eine mögliche gute Tat, die als solche nicht gleich zu erkennen, unmöglich zu machen, duldete man Myriaden von Untaten, die nichts verbreiten konnten als die geistige Seuche des Überdrusses.

Unter wessen Einfluß standen damals die herrschenden Massenmedien? Es waren Intellektuelle, die da zum Schaden des Volkes und zur Verzögerung der längst fälligen politischen Einheit der Nation, ihr Zersetzungswerk betrieben. Vor allem waren es jüdische Intellektuelle, deren Einfluß auf Zeitung und literarische Produktion marktbeherrschend wurde. Heute, unter dem spitzen Finger des Gottes Merseburger, eine solche Feststellung zu treffen, wäre hochgefährlich, wenn es nicht Urteile berühmter Juden jener Zeit gäbe, die das gleiche sagten. Diese publizistische Machtübernahme jüdischer Intellektueller in Deutschland läßt sich leichter verständlich als in ihren Ausmaßen sichtbar machen, weil zu jener Zeit die deutschen Juden ihre jüdischen Namen ablegten. So hieß der damals liberale Verleger Karl Löning eigentlich Zacharias Löwenthal, der Verleger Julius Seidlitz kurz zuvor noch Itzig Jeitteles. Der Verleger Wiesner hieß Adolf Wiener, der Journalist und gefeierte Literat Ludwig Börne hieß Löb Baruch und Heinrich Heine hieß zuvor Harry Heine, davor Chaim Bückeburg, und aus dem polnischen Juden Lassal wurde Lassalle, der Vater der Sozialdemokratie.

Man hat oft darüber nachgedacht, warum so viele Juden solchen Einfluß auf ihre Wirtsvölker nehmen konnten. Meist ging man bei diesen Überlegungen davon aus, daß die Wirtsvölker ungastlich zu ihnen waren und sie dadurch zum Selbstschutz zwangen. Die Juden selbst urteilen darüber anders. So meinte Heine, die Juden sollten endlich aufhören, sich wie das auserwählte Volk zu gebärden, dann müßten sich Christen nicht dauernd vor ihnen absichern. Allerdings ist das Ghetto keine Lösung des Problems und die instinktive Rache der Juden zu Beginn des neunzehnten Jahrhunderts für ihre erlittene Schmach der Anrüchigkeit war allzu menschlich. Was jedoch gern als ‚Emanzipation der Juden' bezeichnet wird, dürfen wir uns nicht als den Vollzug der Gleichstellung denken, sondern als Vergötterung. Vor allem katholische Journalisten und Literaten hatten einen Schuldkomplex zu bewältigen, weil ihre Kirche im Juden die Mörder des Heilands sah. Was aus solchen Schuldkomplexen wird, muß in dieser Zeit nicht näher erläutert werden — man überschlug sich in Selbstvorwürfen, erfand das Eitelwerk der pharisäischen Selbstanklage. Jüdische Autoren wurden nicht mehr verschmäht, sie wurden mit einem Mal bevorzugt. Die Geschichte beweist uns immer wieder — normales Verhalten ist der Welt Anomalie.

Wo wir es heute noch wagen, das Problem der Intellektuellen in der historischen Betrachtung aus dem Gesichtspunkt — hie Hellene, da Nazarener, oder zu deutsch: hier die unter moralischem Gesetz stehende Persönlichkeit, dort der sich vor keiner nationalen Tradition oder Moral verantwortlich fühlende Jude, zu sehen, ist das nicht die böse Folge einer durch Adolf Hitler auf uns überkommenen Erbsünde, sondern das anerkennenswerte Verdienst des der Judenfeindlichkeit erhabenen Heinrich Heine. Er schrieb: „Alle Menschen sind entweder Juden oder Hellenen, Menschen mit asketischen, bildfeindlichen, vergeistigungssüchtigen Trieben, oder Menschen von lebensheiterem, entfaltungsstolzem und realistischem Wesen. Börne war ganz Nazarener, seine Antipathie gegen Goethe ging unmittelbar hervor aus seinem nazarenischen Gemüt, seine spätere politische Exaltation war begründet in jenem schroffen Asketismus, jenem Durst nach Märtyrertum, der überhaupt bei den Republikanern gefunden wird, den sie republikanische Tugend nennen und der von der Passionssucht der frühen Christen so wenig verschieden ist." In diesen beiden Sätzen haben wir den ganzen Heine, wenn ihnen auch die Maultaschen des Endreims fehlen, die wir bei ihm Lyrik nennen, von der hundert Jahre später der jüdische Intellektuelle Egon Friedell urteilt, sie sei bloße Leitartikelei gewesen.

Wir müssen uns davor hüten, den geistigen Flitter der Intellektuellen, auch wo er den Reiz einer wundersamen Spieldose erreicht, dort für eine Wahrheit anzunehmen, wo er Grundfehler einer nichtintellektuellen Vergangenheit zu entschuldigen scheint. In Heines Urteil liegt, zur Puppe eingesponnen in schiefen Bildern, ein Kernchen Wahrheit. Heine meint natürlich nicht ‚den Juden' wenn er von dem Juden spricht. Er meint den Intellektuellen, der damals, um 1830, fast durchweg jüdischer Abstammung war, der Rest bestand aus evangelischen und katholischen Schuldkomplexpflegern. Das wird uns sofort klar, wenn wir bei dem Juden Heinrich Heine lesen: „Börne war ein Nazarener, ich selbst bin immer Hellene gewesen!" Bei diesem peinlichen ‚autobiographischen Fehlbild stoßen wir auf den Kern der Ursache für Intellektualität — das unterbewußt vorherrschende Gefühl bohrender Minderwertigkeit.

Das Anmaßende an Heine, die Besoffenheit in seiner Selbstdarstellung, das ist Intellektualität in Leuchtschrift. Befassen wir uns also mit Heine nicht darum, weil er Jude war, denn das ist für seine geistige Entwicklung nur von zeitbedingter Bedeutung, befassen wir uns mit ihm als Musterbeispiel für Intellektualität! Man muß nicht Jude sein, um ein Intellektueller werden zu können, doch man muß von Minderwertigkeitskomplexen geschüttelt werden und das kann zu jeder Zeit ihre eigene Ursache haben. Wir dürfen uns das Ghetto des Heinrich Heine alias Harry Heine alias Chaim Bückeburg nicht allzu polnisch denken. Zwar kam Chaim im Düsseldorfer Ghetto zu Welt, doch schon im Kindesalter wurde aus dem Ghettobewohner der neureiche Bürgersohn Harry Heine, dessen Vater Tuchhändler war. Eine wohlhabende und unter Wohlhabenden angesehene Familie Düsseldorfs, die unter ihren volljüdischen Ahnherren eine durch den Herzog Kleve-Berg in den Adelsstand erhobene Person einschloß. Den Adelsbrief habe man für eine Gefälligkeit bekommen — die Bückeburgs hatten sich eingekauft. Dies Malheur passierte auch schon nichtjüdischen Bürgern. Aber wo ein Jude emanzipiert, da will er kein Gleicher unter Gleichen werden, sondern ein Geadelter unter Nichtadeligen. Noch Heinrich Heine gab sich als *Dichter* hundertmal fürstlicher als Goethe. Er hatte es nötig und jeder rühmte an ihm diesen Zug als N a t u r -
t a l e n t.

Heines Vater wußte seine Konjunktur zu nutzen. Sobald das Rheinland französisch wurde, galt er als ein Anhänger Napoleons und ein übereifriger Bürger der Republik Frankreich. Das war die Zeit, als man in der europäischen Geographie Hamburg als drittgrößte Stadt Frankreichs bezeichnete! Die Heines liebten den Kaiser von Frankreich, weil er jeden, der in den besetzten deutschen Landen Ansehen genossen hatte, vertrieb oder enterbte und an deren Stelle andere Leute zu Ansehen brachte, die Deutschland am schärfsten haßten und darum das ‚neue' Vaterland, Frankreich, am bereitwilligsten verherrlichen würden, über alle Mängel und Ungerechtigkeiten hinweg. So schrieb Heinrich Heine über das Erlebnis, als er, ein elfjähriger Gymnasiast, den Kaiser Napoleon mitten durch eine der Düsseldorfer Alleen reiten sah, was jedem Deutschen bei fünf Talern Strafe verboten war: „Wie ward mir, als ich ihn selber sah, mit hochbegnadeten eigenen Augen, ihn selber, Hosianna, den Kaiser!" Er, der jedem Deutschen den leisesten Respekt vor Persönlichkeiten seiner Nation verübelte und ihnen seinen beizenden Spott zuspritzte, hatte die Hosen voll beim Anblick der Persönlichkeit einer fremden Nation! Intellektuelle haben im Geiste immer eine andere Heimat als die, in der sie geboren wurden.

Mit sechzehn ging Heine vom Gymnasium ab in die Banklehre nach Frankfurt, verließ sie aber nach vierzehn Tagen weil er sich zu höherem berufen fühlte. In Hamburg eröffnete er den Kommissionshandel Harry Heine und Compagnie. Das Ergebnis dieses kaum einjährigen Unternehmens war derart, daß es ihm geraten erschien, seinen Vornamen zu wechseln. Heine schrieb nun Bücher, Gedichte von solch romantischer Überlastigkeit, daß mit ihm die Romantik endete. Das Jahr 1830 ist von derartiger Dekadenz gewesen, daß wir es uns kaum vorstellen könnten, hätten wir zum Vergleich nicht die Gegenwart! Borniertheit bestimmte den Gesellschaftston. Dandywesen bei der Jugend, sozialistische Welterlösungspläne unter aristokratischen Reichen. Verglichen zu heute war das Jahr 1830 aber reich an Persönlichkeiten. Johann Wolfgang Goethe lebte noch, einundachtzigjährig schuf er sein bedeutendstes Werk, den ‚Faust II. Teil‘, und schrieb seine Lebenserinnerung ‚Dichtung und Wahrheit‘. Alexander von Humboldt und Ernst Moritz Arndt waren 61, Hölderlin und Hegel 60, Schelling 55, der romantische Dichter Clemens Brentano 52. Eine neue Generation bedeutender Persönlichkeiten wuchs nach: Schopenhauer und Eichendorff sind 42, Grillparzer 39, Feuerbach 26 gewesen.

Zu jener Zeit verließ Heinrich Heine Deutschland. Die unglückliche Liebe zu einer Kusine trieb ihn nach Paris. Dieses selbstgewählte, höchst private Exil wird von ihm selbst später politisch angemalt, zum Zwangsexil eines eingebildeten Verfolgten. Wie schon in Deutschland pumpte er auch von Paris aus seine reichen Verwandten an. Der steinreiche Onkel Salomon sagte von ihm: „Hätte der dumme Junge was gelernt, so brauchte er keine Bücher zu schreiben!" Doch Heine lernte erstaunlich leicht. Als es ihm wirtschaftlich vorteilhaft erschien, für einen Christen zu gelten, ließ er sich taufen. Er selbst sagte, daß ihn bloß wirtschaftliches Wägen dazu bewogen habe. Zu keiner Zeit haßte er die christliche Religion mehr, als zu der seiner Taufe. Das blieb nicht verborgen. Da klagte er: „Ist es nicht närrisch? Kaum bin ich getauft, da werde ich als Jude verschrien! Ich bin bei Christ und Jude verhaßt! Ich bereue sehr, daß ich mich getauft habe. Ich sehe noch gar nicht ein, daß es mir seitdem besser ergangen sei. Im Gegenteil, ich habe seitdem nichts als Widerwärtigkeiten und Unglück". Er war nicht der erste, der keinen Spaß an seinen dreißig Silberlingen fand, denn freilich wurde er dadurch bei Jud und Christ verächtlich, wie konnte ihn das wunder nehmen! Er ließ sich nicht taufen, er sagt ‚ich taufte mich'; das ist die Napoleonitis an ihm! Er nennt sich selbst ‚den ersten Mann seines Jahrhunderts', und wie man ihm das verargte, fügte er hinzu: ich bin in der Neujahrsnacht des Jahres 1800 geboren. Eifrig wurde es gedruckt und geglaubt; als er starb, stellte man richtig: er wurde schon am 12. Dezember 1799 geboren. Niemand verübelte ihm die Schaumschlägerei.

Auffallend oft sagte Heine: ‚Goethe und ich', den er später entwürdigen half. Vor allem Börne und die in seinen Schweißspuren aufwuchernden Intellektuellen verspritzen an Goethe ihr Gift. Es soll auf Gottes Erdboden kein unbegabter Schreiber gelebt haben als Goethe. Würde ich die Namen nennen, die das außer Heine und Börne sagten, niemand kennte sie noch; Eintagsfliegen! Heute behaupten einige — die Goetheverehrung jener Zeit forderte die brutale Beschimpfung Goethes heraus. Umgekehrt wäre es richtig! Goethe war zu seiner Zeit weniger berühmt als Wieland und in der ersten Zeit nach seinem Tode weniger als Schiller. Erst als intellektuelle Tagesschreiber begannen, Goethe und sein Werk zu entwürdigen, meinten andere, ihn durch Lob erhöhen zu müssen. Warum der Haß? Weil Goethe sich aus dem Geschrei der Journalisten heraushielt. Zum Glück, es ist immer noch nicht nötig, Goethe vor einem Börne zu rechtfertigen. Denn wer ist Börne? Der Verfasser von Aphorismen wie diese: „Eine Geliebte ist Milch, eine Braut ist Butter, eine Frau ist Käse". Und was ist Börne? Damals verglich man Börne mit Heine und Heine mit einem Dichter. Heine sei ein Dichter und Börne ein Charakter! Man weiß nicht was soll es bedeuten, aber ein Dichter ohne Charakter kann alles mögliche sein nur kein Dichter! Doch wer den psychopathischen Börne einen Charakter nennt, ist frivol und gehörte damit bestraft, dreimal hintereinander Börnes Gesammelte Schriften zu lesen. Beide, Börne und Heine, starben in Paris. Heine als staatlich, nicht stattlich, honorierter Verräter am deutschen Volk. Das Julikönigtum in Frankreich ließ sich dessen literarische Produktion etwas kosten. Ausgerechnet Guizot, die meist gehaßte und mieseste Erscheinung jener Zeit, ließ durch sein Ministerium Heine ein Gehalt zahlen — für seine Verdienste um den Franzosenkönig Louis Philippe! Guizot fand es gut, daß Heine jeden deutschen Fürsten durch die Kloake seiner polemischen Spottsucht zog und dabei das Epigonenregiment in Frankreich vergötterte. Den König Louis Philippe, eine Nippfigur der europäischen Geschichte, nannte Heine, ‚den Napoleon des Friedens'!

Ein liberaler deutscher Kritiker jener Zeit meinte versponnen, welche

Schuld sich Heines Kusine in Hamburg aufgeladen, indem sie ihn durch ihren Liebreiz verführte, daß er fliehen mußte und die Welt um einen Dichter kam. Du lieber Himmel, man wird auch mutmaßliche Dichter nicht keimfrei verpacken können, um sie vor Husten zu schützen! Goethe wuchs an seinem Leid, reifte künstlerisch, erhob sich über den Schmerz, indem er durch seine Kunst die Harmonie des Lebens wiederherzustellen suchte. Nicht eine versäumte Homogenisierung war es, die den Halbdichter nicht Dichter werden ließ, sondern die gar zu dünne Decke seiner künstlerischen Möglichkeiten. Er mochte sie ziehen wie er wollte, es blieb immer zuviel witzlose Witzelei, zuviel dicktuende Unwichtigkeit an ihm.

Echt war an Heine nur sein Haß auf Deutschland. Er hätte es am liebsten auf ewig unter französischer Herrschaft gesehen. „Als Gott, der Schnee und die Kosaken die besten Kräfte des Napoleon zerstört hatten, erhielten wir Deutsche den allerhöchsten Befehl, uns vom fremden Joch zu befreien und wir loderten auf in männlichem Zorn ob der allzu lang ertragenen Knechtschaft und wir begeisterten uns durch die guten Melodien und schlechten Verse und Körner'schen Lieder, und wir erkämpften die Freiheit, denn wir tun alles, was uns von unseren Fürsten befohlen wird." Jeder der Geschichte an den Quellen studiert, weiß, daß der Freiheitskampf nicht befohlen werden mußte, im Rheinland schon gar nicht. Denn eines Tages war das Maß voll, das Maß träger deutscher Geduld, dies dicke blöde Gallert, denn die hochmütigen Herren aus Frankreich, die jeden Ungehorsam füsilierten und eine Zensur über Deutschland verhängten wie sie nie zuvor bestanden hatte, die alles und jeden bevormundeten und unter ihre Zwangsherrschaft brachten, sie waren unausstehlich geworden. Man lese einmal alte Zeitungen nach, achte dabei auf die kleinen Meldungen, die nicht die Propaganda, die den Terror bloßlegen: Erschießungen, Racheakte an Eltern wegen entflohener Söhne, die nicht in der französischen Armee dienen wollten. Sie flohen nicht aus Feigheit, nicht aus Unverantwortlichkeit, sondern um bei den Freiwilligen Jägern zu dienen, den Freiheitskampf beginnend. Heine oder gar Börne waren nicht dabei. Sie waren die Nutznießer der Unterdrückung! Und als ihre politische Konjunktur vorüber, suchten sie nach neuem Nutzen und zogen ihn aus dem verfluchten Geschäft politischer Verführung.

Damals schrieb Hegel: „Gegenwärtig hat das ungeheure politische Interesse alles andere verschlungen — eine Krise, in der alles, was sonst gegolten, problematisch zu werden scheint". Das war das Werk der Intellektuellen! Wir hatten hier nur von den ‚Nazarenern' jener Zeit zu reden, denn ihre ‚Hellenen' sind noch heute unumstritten, allen voran der bedeutendste, Johann Wolfgang Goethe. Verbittert über die sinnlose Kraftvergeudung seines Volkes, über die wahnwitzige Absicht, Aufbau durch Zersetzung zu betreiben, schrieb er den Vers: „Verfluchtes Volk, kaum bist du frei, da brichst du dich in dir selbst entzwei!"

NIE WIEDER KRIEG, FÜHRT KLASSENKAMPF!

„Revolutionen", sagt Spengler, „gehen vom Verfall der Staatshoheit aus". Niemand wirkte in den zwanziger Jahren unseres Jahrhunderts mit mehr Erfolg an der Zersetzung der Staatshoheit als der intellektuelle Tagesschreiber Kurt Tucholsky. Mit unüberbietbarem Zynismus verhöhnte er die Demokratie und bekleckerte alles was seinem utopischen Traum von einem Sowjetdeutschland entgegenstand. Er haßte, was mit der Weimarer Republik in Zusammenhang stand, was sonderbarerweise nicht ausschloß, daß man ihn später als ihren tapfersten Verteidiger ehrte. Seine Bücher erzielten in den fünfziger Jahren allein in der Bundesrepublik eine Auflage von weit über einer Million. Der Rowohlt Verlag schilderte das Ende dieses feinen Intellektuellen Tucholsky so: „Nach dem Absturz Deutschlands in die Barbarei, vor der er prophetisch gewarnt hatte, schied er in Trauer und Zorn vor der Unabwendbarkeit des deutschen Schicksals 1935 in Hindas, Schweden, als Emigrant aus dem Leben". Das ist Kitsch! Tucholsky, der in Schweden schon zwei Gehirnoperationen hinter sich hatte, stand vor der Entscheidung, sich einer dritten Operation zu unterziehen oder Selbstmord zu verüben. Darauf entschied er sich für das letztere. Warum beräuchert man einen Mann, der sich gegen Deutschland wie ein Schwein benahm und alles tat, es in die Barbarei des Bolschewismus zu stürzen? Hoffen wir, daß es aus bloßer Geschäftemacherei geschah und nicht aus politischer Absicht!
1928 wurde Kurt Tucholsky von der ‚Literarischen Rundschau' gefragt, was er tun würde, besäße er die M a c h t. Er antwortete: „Hätte ich die Macht mit den kommunistischen Arbeitern und für sie, so scheinen mir dies die Hauptarbeiten einer solchen Regierung zu sein:

Sozialisierung der Schwerindustrie, Aufteilung des Großgrundbesitzes, Absetzung der Länderbürokratie, radikale Personalreform auf Schulen und Universitäten, Abschaffung der Reichswehr, Schaffung eines sittlichen Strafgesetzes an Stelle jenes in Vorbereitung befindlichen kulturfeindlichen Entwurfs, steuerliche Erfassung der Bauern". Dieses Programm deckt sich nicht zufällig mit dem der Kommunistischen Partei, denn nur mit ihr wollte Tucholsky an die Macht kommen. Auch das würde der Weimarer Republik und dem Rechtsstaat den Garaus gemacht haben. Was ihn in Schweden quälte, war nicht das Schicksal Deutschlands, sondern das Schicksal der Kommunistischen Partei und ihr Pech, daß nicht sie, sondern Hitler die Rechtsstaatlichkeit erledigte.

Einige Programmpunkte aus der ‚Regierung Tucholsky' sollten uns interessieren! Verstaatlichung der Schwerindustrie — wir wissen, was daraus in England wurde! Ein kostspieliger Fehlversuch, der wieder rückgängig zu machen war. Aufteilung des Großgrundbesitzes, ja, aber an wen? Darüber schweigt ein Kommunist, denn der Staat, die Kolchose soll erben! Absetzung der Länderbürokratie? Das war das erste, was die Nationalsozialisten taten und man machte es ihnen zum Vorwurf! Radikale Personalreform auf Schulen und Universitäten? Auch das besorgten die Nationalsozialisten, nur setzten sie keine Kommunisten ein, sondern Nationalsozialisten — na und? Abschaffung der Reichswehr! Diese Reichswehr bestand für das damals recht große, durch Kommunistenaufstände und Straßenterror beunruhigte Deutsche Reich aus nur hunderttausend Mann! Deren schwerste Kanone bestand aus einer Feldlafette und Panzer wurden durch Fahrräder dargestellt, auf die man Stoffattrappen spannte. Diese Reichswehr sah sich kaum in der Lage, die innere Sicherheit aufrecht zu erhalten. Und wie sah es in der Welt jenes Jahres aus, als Tucholsky seine Regierungserklärung abgab? Stalins geheime Staatspolizei, die GPU, unterhielt Zweigstellen in Deutschland, die mit Waffen beliefert wurden. Die bewaffneten Banden des Rotfrontkämpferbundes hielten nicht nur eigene Manöver in Deutschland ab, die Stärke dieser Bandenarmee lag nach eigenen Angaben schon 1923 bei einer Viertelmillion Mann. Nicht durch sie fühlte sich Tucholsky bedroht, sondern durch die hunderttausend Mann der Reichswehr! Der Terror der Rotfrontkämpfer nahm ein Jahr nach Tucholskys Regierungserklärung solche Formen an, daß diese Untergrundarmee nach den Unruhen vom 1. Mai 1929 verboten werden mußte. Dieses Verbot hob man schon bald darauf wieder auf, weil die Weimarer Republik nicht die Macht hatte, es durchzusetzen. In diesen zehn Jahren des Rechtsstaates Weimarer Republik fielen allein in

Preußen nach amtlichen Unterlagen zweihundertzwei Polizistenmorde auf das Schuldkonto der Kommunisten. Die Zahl der durch Messerstiche und Kugeln verletzten Polizeibeamten ging in die Tausende. Das störte Tucholskys Gefühl für Menschlichkeit nicht. Schaffung eines sittlichen Strafgesetzes? Nach seiner Auffassung durfte sich ein Rechtsstaat nicht erkühnen, kommunistische Totschläger vor Gericht zu stellen, um sie nach gültigem Gesetz zu verurteilen. Darum schreibt er in dem schmutzigsten Pamphlet, das je von einem Intellektuellen geschrieben wurde, dem Buch ‚Deutschland, Deutschland über alles', das 1929 ein kommunistischer Verlag herausbrachte:

„Herrgott! Wenn du zufällig Zeit hast, dich zwischen zwei Börsenbaissen und einer dämlichen Feldschlacht in Marokko auch einmal um die Armen zu kümmern: Hörst du siebentausend Kommunisten in deutschen Gefängnissen wimmern? Kyrie eleison! — Da sind arme Jungen darunter, die sind so mitgelaufen, auf sie ist der Polizeiknüppel niedergesaust, der da ewiglich hängt über uns allen . . . Kyrie eleison! Da sind auch alte Kerls dabei, die hatten Überzeugung, Herz und Mut — das ist aber vor diesen Richtern nicht beliebt, und das bekam ihnen nicht gut . . . Kyrie eleison! Da haben auch manche geglaubt, eine Republik zu schützen — aber die hat das gar nicht gewollt. Fritz Ebert hatte vor seinen Freunden viel mehr Angst als vor seinen Feinden — in diesem Sinne Schwarz-Rot-Gold! Kyrie eleison!".

Diese Intellektuellen sagen nur die halbe Wahrheit, eingeschirrt im Stirnjoch ihrer Ideologie, und oft lügen sie kräftig. Das nennen sie dichterische Freiheit, doch die, die es lesen, nehmen es für blutigen ernst, wie die wimmernden Kommunisten in Gefängnissen der Weimarer Republik! Dafür gibt es keine Beweise. Doch die Bestialität, in der kommunistische Terrorbanden auf offener Straße politische Gegner zu Tode knüppelten oder mit dem Rasiermesser tranchierten, dafür gab's viele Beweise. Man lese nur die Zeitungen jener Jahre, die fast täglich vom offenen Straßenterror kommunistischer Banden berichten mußten! Wer da gut im Rechnen, kommt zu der peinlichen Feststellung, welche Musterknaben die Nazis neben diesen Rotfrontkämpfern waren. Warum mußten wir, statt die Wahrheit zu erfahren, bald dreißig Jahre von der Lüge leben? Es waren doch Tucholskys Freunde, die alle Rekorde im Morden brachen!

Die Fälschungen Tucholskys beginnen damit, daß er Kommunisten A r b e i t e r nennt, die anderen sind dumme Portierjungen und Bauernflegel, die nicht wahrhaben wollen, wer ihnen Erlösung bringe. Er selbst schrieb von sich, daß ihn wohl niemand verdächtigen werde, die Weimarer Republik zu lieben, doch seinen Rotfrontkämpferbanditen, die danach trachteten, aus Deutschland einen Sowjetstaat zu machen, unterstellt er fürsorglich, daß sie die Republik mit Rasiermesser und Revolver schützen. Er findet es unverständlich, warum Richter und Polizei diese Absicht nicht lobend anerkennen, sondern meinen, den Rechtsstaat erhalten zu müssen. Warum fürchtete Fritz Ebert nach Tucholskys Angaben solche Freunde mehr als seine Feinde? Weil dieses kriminelle Gelichter, das sich ihm als Freund anbot, jedem noch nicht ganz und gar verwahrlosten Menschen Schrecken einjagen mußte! Der Haß Tucholskys gegen Sozialdemokraten wirkt darum noch gehässiger als sein Haß gegen deutsche Offiziere, die er nur als Tiere bezeichnet. D i e s e Rechenaufgabe stellte er 1929: „Das Mundwerk eines Oberpräsidenten ist vier Meter lang und zwei Meter breit. Wie lang kann der Mann Mitglied der SPD sein, wenn er 1 100 Arbeitermorde auf dem Gewissen hat?" Oder diese Aufgabe mit imaginärer Größe! „Eine sozialdemokratische Partei hat in acht Jahren null Erfolg. In wieviel Jahren merkt sie, daß ihre Taktik verfehlt ist?" Wie schade, daß das nicht Goebbels schrieb, nicht wahr, dann ließe sich daran seine Frühkriminalität nachweisen! Bei Tucholsky —? Ein harmloser Scherz, ich bitt' Sie, belanglos! Ihm mag man nichts tun, er soll der Held bleiben, der die Weimarer Republik verteidigte. Kann sich auf Lüge Wahrheit gründen? Auch das wäre eine Rechenaufgabe — wenn eine solche Lüge bald dreißig Jahre für Wahrheit gilt, wie verlogen müssen die sein, die es besser wissen müßten, aber schweigen?

Tucholskys ‚R e p u b l i k' ging schon 1918 in die Brüche. Das verzieh er denen nie, die Deutschland, wenn auch nur aus Unfähigkeit, vor diesem Unglück einer Bolschewisierung bewahrten. Zu einem Foto des Marxisten Philipp Scheidemann, der ohne Auftrag und Befugnis 1918 die Republik ausrief mit den Worten ‚Das deutsche Volk hat auf der ganzen Linie gesiegt!', schrieb Tucholsky, dem diese Lüge noch nicht dick genug war: „Hier sehen wir denn also unseren lieben Philipp, dessen Name rechtens mit einem ‚Sch' anfängt, auf dem guten Fensterbrett der Reichskanzlei stehen — — es ist ein Wunder, daß er kein Papier untergelegt hatte — —. Heute wissen wir, wie Fritz Ebert auf dem Geheimdraht mit Groener *) telephonierte, um eine Ordnung zu retten, auf deren Beseitigung es gerade ankam, heute wissen wir es. In diesem Menschengewimmel aber wußten es noch nicht zehn Mann.

---

*) General Wilhelm Groener wurde 1918 als Nachfolger Ludendorffs Erster Generalquartiermeister des deutschen Heeres.

Da standen vor allem einmal müde Menschen; solche, die die Nase voll hatten vom Krieg; die das ganze satt waren; die nicht mehr auf Karten anstehen wollten; müde waren sie und nach Hause wollten sie, und sie hatten genug. Hättet ihr gefragt, was sie denn nun eigentlich wünschten — ihr hättet sehr merkwürdige, sehr verblasene Antworten zu hören bekommen. Man kann aber keinen politischen Kampf ohne Klarheit führen, ohne ein dogmatisch starres Programm, das doch wieder biegsam und elastisch sein muß wie bester Eisenstahl — mit Gefühlen allein kann man keine Revolution machen. Aber ohne sie auch nicht."

Dieser dunkelste Fleck in der deutschen Geschichte, als die Deutschen nach entsagungsvollem Kampf den Krieg verloren hatten und ein Klüngel von Verrätern sich als Sieger aufspielte, dieser mißlungene Putsch des menschlichen Bodensatzes einer Nation, das war Tucholskys Trauer, das war der Anlaß seines Zorns über eine, wie ihm schien, verpaßte Gelegenheit. Und wer machte 1918 Revolution? Die Arbeiter? Diese drei, vier Lastwagen voll Wirrköpfe, die damals, etwa in Essen, Wildwest spielten und unter kindischer Knallerei durch die Straßen rasten, als seien sie auf der Rennbahn, diese Handvoll Tagediebe sollen die Arbeiter dieser Stadt gewesen sein? Und ist es in den anderen Industriestädten des Reiches anders gewesen? Nein, die Deutschen wollten den Sowjetstaat nicht und sie wollten ihn zehn Jahre später, als Tucholsky sein letztes zynisches Buch schrieb, schon gar nicht! Was war denn diese Sowjetunion? Doch nicht, was Tucholsky im verschlagensten Propagandastil aus ihr machte! „Die neue Generation in Rußland hat ein neues Lebensgefühl in die Welt gerufen und ist sich vielleicht weniger feind als das sonst unter Menschen üblich ist." Das 1929! Wußte die Welt denn nicht was drüben vor sich ging? Mußte man wirklich erst auf die Enthüllungen unter Chruschtschow warten, die nicht einmal alles enthüllten was hätte enthüllt werden können? Freilich, Berlins nationalkonservative Zeitschrift ‚Die Woche' brachte 1928 Originalpropagandaberichte aus Moskau mit romantisch verklärten Fotos von ‚Klischee Presse Moskau'. An dieser schon fast kriminellen Harmlosigkeit der deutschen Presse hat sich bis heute nichts geändert. Doch die Gebildeten in Deutschland, zumal die Linksintellektuellen, wußten genau, wie es drüben wirklich aussah, denn das war kein Staat, der sich nach außen hätte abriegeln können, das war ein zum System gewordenes Chaos. Und 1929 ist der Bürgerkrieg in der Sowjetunion schon seit sieben Jahren beendet gewesen! Deutsche Kriegsgefangene kehrten nach vielen Jahren der Verbannung und rechtlosen Wirren von dort als Augenzeugen nach Deutschland zurück. Dwingers Buch „Die Armee hinter Stacheldraht" gehörte zu den meistgelesensten Werken. D a r u m die sowjetische Gegenpropaganda, der die bürgerliche Presse Deutschlands ihre Spalten öffnete!

Konzentrationslager gibts in der Sowjetunion seit ihrem Bestehen. Bei der geheimen Staatspolizei GPU herrschte damals gerade Hochbetrieb. Stalin begann 1927 die Bauern erneut zu enteignen. Jahre zuvor, unter dem Druck von Aufständen und einer schrecklichen Hungersnot hatte Lenin die Enteignung der Bauernhöfe rückgängig gemacht. Danach konnte die Nahrungsversorgung allmählich sichergestellt werden und erreichte 1927 ihren bis heute noch günstigsten Stand. Wieder wurden den Bauern die Höfe abgenommen. Seitdem hat die Sowjetunion in keinem Jahr mehr genügend Getreide ernten können um ausreichend Brot herzustellen. Der Agrarstaat wurde von jährlich steigenden Getreideeinfuhren abhängig oder das Volk müßte hungern. Damals wehrten sich die Bauern, ihr Land herzugeben und erneut in Kolchosen zu arbeiten. Die Partei beschimpfte sie, nannte sie Kulak — W u c h e r e r ! Nachts überfielen GPU-Einheiten die Dörfer. Wohlhabende Bauern wurden mit Frauen und Kinder auf die Straße getrieben und zusammengeschossen oder durch Schnellgerichte zum Tode verurteilt. Die Masse der übrigen Bauern trieb man zur nächsten Bahnstation und schaffte sie in Viehwagen in die Konzentrationslager am Ural oder nach Sibirien. Erst unter Chruschtschow wurde ein Teil der Verbrechen amtlich zugegeben. Doch man versuchte zu verharmlosen, und Breschnew sperrte sich schließlich gegen weitere Enthüllungen.

Stalins Geheimbefehl blieb in den zwanziger Jahren so geheim nicht. Gebildete und Intellektuelle in Deutschland wußten, daß Millionen ermordet oder auf den unmenschlich durchgeführten Transporten nach Sibirien umgekommen waren. Man ließ Gefangene zu Tausenden verhungern. Stalin selbst sagte damals zur Massenvernichtung: „Die Revolution fordert Opfer. Wenn die Durchführung der vollen Sozialisierung auf dem Lande sogar zwanzig Millionen fordern würde, so würden wir nicht davon abstehen." Das war als Tucholskys Schmähschrift gegen Deutschland erschien, in der er den Deutschen die Sowjetunion als Vorbild empfahl! Damals füllten sich die neunzig Konzentrationslager mit willkürlich gefangenen Bauern. Auch das Riesenlager Solowski. Für Kulaken galten nun nicht nur jene Bauern, die sich nicht kollektivieren lassen wollten — Stalin selbst schimpfte, als die Kolchosen aus ihrer Misere nicht herauskamen: „Kulaken sollte man nicht außerhalb der Kolchosen suchen. Sie sitzen in den Kolchosen selbst!"

Ab 1926 lieferte die GPU massenweise Zwangsarbeiter zum Holzfällen in die Wälder oder zum Bau von Staudämmen oder Kanälen. Das galt einem Todesurteil gleich! Beim Bau des Stalin-Bjelonner-Kanals fanden auf einer Baustrecke von zweihundertsiebenundzwanzig Kilometern nach amtlichen sowjetischen Angaben über hunderttausend Zwangsarbeiter den Tod. Sie waren nur mit Schaufel und Hacke ausgestattet worden und man ließ sie im Winter ohne Quartiere und ohne ausreichende Verpflegung. Die Menschen sollten arbeiten oder erfrieren. Beispielloses Verbrechen am Arbeiter durch ein System, das den Arbeiter zu befreien vorgibt! „Das alles geschah", hieß es in den sechziger Jahren in der Sowjetunion, „auf Initiative und unter Leitung Stalins!" Und die Mitschuldigen? Die KZ-Kommandanten und Auspeitscher und Schreibtischmörder? Sie blieben die ehrenwerten Herren, die, wie Rudenko bei den Nürnberger Prozessen, für die Deutschen forderten: „Die Gerechtigkeit nehme ihren Lauf!" Nähme sie ihn doch endlich!

Über alle diese Vorgänge der späten zwanziger Jahre wußte Tucholsky, er wußte es besser als andere, denn der Sowjetstaat war ihm geistige Heimat geworden, blieb sein ideologischer Traum. Er wußte auch, was illegal von Stalins Mordexperten in Deutschland vorbereitet wurde, um aus dem Rotfrontkämpferbund eine schlagfähige illegale Armee zu machen! Er kannte die Rolle des Lembecker Juden Sobelsohn genannt Radek, der in Moskaus Auftrag 1918 die Revolution vorbereitete, 1919 aus Deutschland ausgewiesen wurde und 1923 als Mitglied des Exekutivkomitees der Komintern nach Deutschland zurückkehrte, um den Putsch vorzubereiten. Dieser Tucholsky, der all dies wußte und dennoch die Deutschen in die Sklaverei eines Sowjetstaates treiben wollte, soll in Trauer und Zorn Selbstmord begangen haben? Dicker ging's nicht, Rowohlt!

Als auf Deutschlands Straßen der Terror herrschte, den Tucholsky vorbereiten half, als Politik mit dem Messer gemacht wurde, 1932, da zog dieser Volksverhetzer und Revolutionsmaulheld nicht etwa in seinen Musterstaat, denn den kannte er zu gut, er ging nach Schweden. So machten sie es alle, die intellektuellen Salonbolschewiken, die von einer Befreiung durch Sowjetisierung predigten, danach, statt diese Freiheit für sich selbst zu wählen, sich lieber in Sicherheit brachten! Auch Heinrich Mann, der sich offen zum Kommunismus bekannte und den Sozialdemokraten Vorwürfe machte, weil sie sich nicht zur Einheitspartei mit den Kommunisten zusammentun wollten. Er ging in die Schweiz.

VOM WIEDERABBAU DEUTSCHLANDS

Bevor man etwas zersetzen kann, muß es Zersetzbares geben. 1945 gab es so gut wie nichts. Denn was der Hölle des Luftkrieges entronnen war, was den Krieg überlebt und die Vertreibung überstanden hatte, fand nicht viel Zeit, sich erlöst zu fühlen. Hunger und Wohnungsnot, ein Winter ohne warmen Ofen, dazu das unrechte Recht der Besatzungsmächte beanspruchten den ganzen Menschen. Wer bis dahin nichts gelernt hatte, dem war auch durch Umerziehung nichts mehr beizubringen. Gibt es eine schlimmere Widerlegung des wissenschaftlichen Werts moderner Psychologie als die Tatsache, daß amerikanische Psychologen darüber staunten, weil die Deutschen nicht mehr am Nationalsozialismus hingen, sich ganz so gaben, als seien sie befreit worden, wie es die Kriegspropaganda der Alliierten versprochen? Was verstanden diese Psychologen vom Menschen, von der Zweckmäßigkeitsbestimmung seiner Gedanken und Wünsche, vom Nützlichkeitsstreben und der Notwendigkeit, sich zu rechtfertigen oder zu entschuldigen?

Wer nur einen Anzug besitzt und nicht weiß, wann er einen neuen bekommt, wirft ihn nicht weg. Die deutschen Intellektuellen von heute meinen, die Deutschen hätten das tun sollen. Für sie scheint die Bedeutung der Entnazifizierung nicht darin gelegen, rechtsstaatliche Verhältnisse wiederherzustellen, wie sie vor dem Dritten Reich bestanden, sondern an die Stelle der nationalsozialistischen eine sozialistische Diktatur zu errichten. Warum sollte sich das geplagte deutsche Volk von einem Abenteuer ins nächste stürzen? Diese Wiederherstellung des Rechtsstaates wird ihm nun wie ein Verbrechen angelastet! Bis 1948 steckten auch die Linken noch in den alten Klamotten, waren froh, sie zu haben. Die linksstehende Zeitschrift ‚Neue Rundschau' brachte in ihrer ersten Ausgabe einen Bericht von Professor Johann Wilhelm Mannhardt. Der schrieb: „In der Politik soll bekanntlich der Kopf kühl und das Herz, auch gegen den andersdenkenden Volksgenossen, warm bleiben". Ein Holländer, der diese Ausgabe in die Hände bekam, unterstrich das Wort ‚Volksgenosse'. Er meinte und vermerkte an den Rand: ‚f a l s c h'.

Ein Mensch mag sterben und an seinem Tod ist nicht zu zweifeln, auch wenn von ihm Dinge zurückbleiben, die ihm gehörten. Die Sieger aber wollten alles vernichten was zum Nationalsozialismus gehört hatte. Die Verfassung ihres Gewissens über den eigenen Anteil an Schuld war nicht derart, daß sie hätten wägen können. Und das Wort ‚Volksgenosse' steht schon im Wörterbuch der deutschen Sprache von 1807! Die Sieger, die sich als Befreier angekündigt, kamen als Befangene nach Deutschland. Die Aussagen der psychologischen Kriegführung klebten ihnen noch an den Uniformen. Wie sollte ein Deutscher damals den Nationalsozialismus einordnen, man wußte noch zu viel über ihn, hielt vieles, was aus der alliierten Kriegspropaganda stammte, für Propaganda! Welchen historischen Standort sollte man ihm geben? Die U n b e l a s t e t e n waren unter sich, denn die Nationalsozialisten saßen im Konzentrationslager, um erst später entlastet oder verurteilt zu werden.

Waren sie Konservative oder Revolutionäre gewesen? Den Konservativen erschien der niedergeschmetterte Nationalsozialismus vom Wesen und von der Herkunft her wie die Ausgeburt eines Nationalbolschewismus. Das paßte weder den Sozialdemokraten noch der gerade in England herrschenden Arbeiterpartei. Sie bemühten sich, das Sozialistische im Nationalsozialismus auszustreichen. Es entstand der Begriff vom kapitalistisch, bürgerlichen Nazismus. „Es gibt Nazis, die stehen rechts und es gibt Antinazis die stehen links". So einfach machte man es sich! Weil zu jener Zeit der schlimme Gegensatz zwischen Kommunismus und bürgerlicher Gesellschaft wieder voll zutage trat, mußte man die Begriffsbestimmung des Nationalsozialismus schnell aus dem Gespräch bringen und das ganze tote Ding ungeklärt in eine stille, stinkende Ecke bugsieren — die Lehre des Nationalsozialismus wie die des italienischen Faschismus sei weder kapitalistisch noch sozialistisch, weder reaktionär noch fortschrittlich zu nennen, sie sei nichts als ein zum Prinzip erhobenes Barbarentum! Das war ein magerer Knochen. Eine zum Mordpreis erkaufte Erfahrung wurde verschenkt.

An dieser Stelle der Auseinandersetzung blieben wir stehen. Vergleiche der nationalsozialistischen Verbrechen mit denen von Katyn, der Arbeitsmethoden der Gestapo mit denen der GPU und des NKWD wurden nicht gezogen. Lehren blieben aus. Die demokratisch beherrschten Völker wechselten ihre politischen Führer wie Wäsche, die bolschewistische Diktatur betrieb Weltpolitik! Gefährlicher als die Aufdekkung der Wahrheit ist dem Lügner sein schlechtes Gewissen und das sich daraus ergebende Fehlverhalten. Stalins wichtigster Vorsieg für die Eroberung Deutschlands und Europas war, die Diskussion über den Nationalsozialismus abgewürgt zu haben. Jede Bewältigung dieser historisch gewordenen Erscheinung wurde unter Strafe verboten. Eine neue Generation wuchs heran, die das Dogma über das zum Prinzip erhobene Barbarentum unverdünnt in sich aufnahm. Das Böse hatte wieder Gestalt bekommen wie zur Zeit der Hexenverbrennung und Teufelsbeschwörung. Und es gehörte einem Leichnam! Es gibt nichts mehr, was unsere Jugend schrecken müßte, denn das Böse krepierte, überlebte nur in winzigen Fetzchen und sein entschlossenster Gegner, die Sowjetunion, kann gar nicht böse sein, denn wie sollte das Böse gegen das Böse kämpfen? Das ist der Fluch der Lüge, der Fluch der schiefen Ebene, auf der nichts Gerades zu errichten ist! Die Jugend vermag aus der Zwecklüge des Jahres 1945 keine andere Folgerung zu ziehen als die, daß der entschiedenste Gegner des Bösen nicht in erheblichem Maße selbst böse sein kann!

Die historische Lüge, von der unsere Zeit lebt, ist nicht ursächlich von Intellektuellen herbeigeführt worden, sie wird aber von ihnen gepflegt und vor jeder Aufdeckung geschützt. So konnte der Sowjetimperialismus die Opfer seiner Massenmorde mit unter die Sargdecke des niedergemachten Nationalsozialismus schieben. Man entlastete sich. Auch im Westen gab es manchen, der die Stunde der Gelegenheit für sich erkannte und peinlichen Fragen auswich. Ein Geschichtsunterricht, der nicht an die Quellen der Ereignisse geht, hört auf, Wissenschaft zu sein, er bildet nur Tendenzmeinung. Die Deutschen der Jahre von 1945 bis 1949 hatten eigene Sorgen. Es ging nicht nur um's tägliche Brot, das zu beschaffen viel Zeit und List erforderte, es ging auch um den notdürftigen Wiederaufbau der Wohnhütte und der Arbeitsstätte, das Besorgen von Werkzeug und Rohstoff. Wo Geld ohne Wert, wird Beschaffung zur Wissenschaft. Dennoch nahm man teil am politischen Leben, so allgemein wie kaum je zuvor und nie wieder danach.

Mit dem Ende des Nationalsozialismus in Deutschland und des Faschismus in Italien waren die politischen Sorgen in der Welt nicht weniger geworden. Immer mehr Flüchtlinge und Vertriebene drängten aus dem Osten in die ausgebombten Städte des Westens, bettelarm, voll schlimmer Erlebnisse. Das politische Verbrechen hörte mit dem Jahre 1945 nicht auf, nur lenkte man davon ab, unterschied gerechte von ungerechten Verbrechen. Das besiegte deutsche Volk hoffte, daß alles, wenn auch unendlich langsam, wieder gut würde. Die Not Deutschlands in den ersten vier Nachkriegsjahren war zu groß, als daß man sie ohne Hoffnung hätte ertragen können. Und welche Abenteuer gab es, die hoffen ließen! Schon im Januar 1946 fanden in der amerikanisch besetzten Zone Deutschlands die ersten freien Gemeindewahlen statt. Das bedeutete dem Deutschen viel, der in allem durch Besatzungstruppen bevormundet wurde. Es gab Hoffnung, wieder mitbestimmen zu können. Schlimm ist es, in einer Diktatur zu leben, wo Volkswille und Regierungswille auseinandergehen. Aber weit schlimmer ist die Diktatur durch eine Fremdherrschaft, denn sie gibt nicht einmal vor, des Volkes Vorteile zu wahren und seinen Nutzen zu mehren! Die Nachricht von den ersten freien Wahlen im Nachkriegsdeutschland ging wie eine Fanfare durch Deutschland. Nur seinen schlimmsten Zwingherren war sie Schreckensbotschaft. Die Menschen in Leipzig, Magdeburg und Rostock sehnten sich nach einer Normalisierung der politischen Verhältnisse, mehr noch als die in Köln, Frankfurt und Koblenz. Die kommunistischen Funktionäre polterten gegen die Entscheidung der Amerikaner. Kommunistenführer Wilhelm Pieck erklärte dazu öffentlich, daß Wahlen ohne eine vorausgegangene gründliche politische Schulung der Wähler leicht ein falsches Bild von den politischen Wünschen der Deutschen geben könne. Welch zynische Bemerkung!

Der Intellektuelle Augstein meint jedoch: „Ich habe das Gefühl, als ob sich die Sowjets unbehaglich fühlen, so weit in Mitteleuropa zu stehen!" Wie kommt man zu solchen Gefühlen? Der Irrtum der Intellektuellen, daß der Kommunismus friedlich oder gar demokratisch geworden sei, entspringt ihrem falschen Bewußtsein, ihrem ideologischen Denken. Sie sind das As in jedem vorrevolutionären Spiel! Wer durch geschichtliche Ereignisse nicht vor vollendete Tatsachen gestellt werden möchte, muß am Wirken der Intellektuellen ablesen, wieweit die Zerstörung schon vorangetrieben wurde.

Revolution ist eine Folge von Vorgängen, die zunächst unmerklich dahinschleichen. Unter dem Ruf nach F r e i h e i t treten Veränderungen ein. Sie schaffen bald solche Verfremdung, daß die allgemeine Gleichgültigkeit wächst. Es mehren sich die toten Seelen im Volke. Die Vernichtung der herrschenden Gesellschaft steht nicht am Anfang dieser Vorgänge, wohl aber die schleichende Zersetzung ihres Einflusses. Bei dem Wort Revolution denken wir immer nur an die blutige Erstürmung der Festung durch eine kleine Gruppe von Revolutionären gegen eine überwältigende Übermacht. Wir fragen uns nie, wieso ein solcher Haufe schlecht gerüsteter und im taktischen Kampf unerfahrener Leute eine angeblich machtbesessene Gesellschaft mit ihren vielfältigen Machteinflüssen, geschützt durch Armee und Polizei, auf die Schippe nehmen konnte, als sei das nur ein krepierender Hund, der nicht mehr leben und noch nicht sterben kann! Dieser Vorgang des Sturms kann also nicht am Anfang stehen, kann nicht einmal die Hauptsache sein.

Jede Revolution lebt aus der Besessenheit zur Veränderung. Sie muß so allgemein wie möglich werden, damit die Revolution ihren notorischen Drang bekommt. Das setzt voraus, daß zunächst eine allgemeine Unzufriedenheit geschaffen wird durch die Verketzerung alles Bestehenden. Man hat nicht nur einen Staat umzustürzen, nicht nur eine herrschende Gesellschaft abzusetzen, man muß auch dem eigenen Menschen durch Eingebung eines falschen Bewußtseins Gewalt antun, weil er dem Wesen nach gegen gewaltsame Veränderungen ist und nur Fehler verbessern will, aber nicht alles auf den Kopf stellen möchte. Der amerikanische Historiker L. P. Edwards hat in seinem Buch von der ‚Naturgeschichte der Revolutionen' den Versuch gemacht, aus unseren reichen Erfahrungen mit Revolutionen die Naturgesetze sichtbar zu machen, aus denen heraus Revolutionäre handeln. Nach seinen Feststellungen entwickeln sich alle Revolutionen in acht Entwicklungsabschnitten, von denen jeder bestimmte Merkmale zeigt, jedoch zeitlich unterschiedlich lang sein kann. Weil sich diese Merkmale an den erlittenen Revolutionen der zivilisierten Menschheit feststellen lassen, können wir sie als Gesetzmäßigkeiten der Revolution ansehen.

Suchen wir nach der ersten Entwicklungsstufe der revolutionären Bewegung in der Bundesrepublik Deutschland, so müssen wir wie zu anderen vorrevolutionären Zeiten weit zurückgreifen, in das Jahr 1950. Bis dahin war Deutschland ein von fremden Mächten besetztes und bevormundetes Land. Daran änderte sich zunächst wenig als im September 1949 die Bundesrepublik Deutschland gegründet wurde. Die eigentlichen Herren blieben die Hochkommissare der Besatzungsmächte. Von 1945 bis 1950 hatten sie eine geradlinige Politik betrieben mit dem Ziel, Deutschland als europäische Macht auf alle Zeiten hin auszuschließen. Es sollte nur noch Kleinstaat sein. Dieser Absicht folgten sie in den ersten Nachkriegsjahren zielstrebig, mußten aber bald einsehen, daß man einen Staat oder Teile davon, übervölkert, verarmt und ruiniert, nicht gänzlich verludern lassen kann, ohne daß sich dies folgenschwer auswirkt. Darauf steckte man die Unterdrückungsabsichten für Deutschland zurück, blieb jedoch bei der Behauptung, daß der deutsche Volkscharakter von einer Art sei, die eine Bewaffnung für alle Zeiten ausschließe.

Ein Volk, das hungert, das verarmt und gegenüber den Besatzungsmächten rechtlos ist, von ihnen wie ein unmündiges Kind gegängelt wird, zeigt nach einem derart niederschmetternden Ereignis wie den Zweiten Weltkrieg wenig Neigung, wieder wehrhaft zu werden. Es ist gänzlich demoralisiert und trachtet allein danach, zu überleben, oft mit dem Instinkt einer Ratte. Dennoch fuhr man fort, dem Volk die Unmöglichkeit darzustellen, daß es jemals wieder Waffen tragen könne, schuf sich damit jedoch Freunde. Denn genau das war der Wunsch der meisten Deutschen. Von einem Tag auf den anderen entschieden sich die strengen Erzieher der Deutschen zu einer gänzlich anderen Politik, die der Aufrüstung Deutschlands.

Einem Realpolitiker wie Adenauer war es angesichts der Gefahr einer Sowjetisierung Europas nicht nur eine sittliche Selbstverständlichkeit, daß Deutschland seinen Beitrag zur Verteidigung leisten müsse, er sah auch die Möglichkeit für die Bundesrepublik, zu einer größeren politischen Selbständigkeit zu gelangen, denn die Souveränität dieses Staates lag noch im Argen. Ohne diese Verpflichtung zum Verteidigungsbündnis wäre die Bundesrepublik vielleicht nie weit über das hinausgekommen, was die scheinsouveränen Staaten Osteuropas werden durften. Wobei wir berücksichtigen müssen, daß noch heute drüben vieles schlimmer sein würde, wäre das Gefälle zum Westen nicht derart groß geworden. Die Mehrheit des deutschen Volkes lehnte die Wiederaufrüstung ab, wollte nicht umdenken, hatte sich schon zu sehr an die Vorurteile der ersten Nachkriegspropaganda gewöhnt. Es war billiger, n e i n zu sagen und es lag ein Trotz darin — nun gerade nicht! Nicht nur die Sozialdemokraten sagten nein, auch die in Opposition stehende Deutsche Rechtspartei mit dem Bundestagsabgeordneten Adolf von Thadden.

Bei etwas mehr Einfühlungsvermögen und psychologischem Geschick hätten die westlichen Besatzungsmächte diese Krise verhüten können. Wenn es nicht eine vierte Macht gegeben hätte, die alles daran setzte, den Trotz der Deutschen für sich zu nutzen, ebenso wie ihre Sehnsucht nach Sicherheit, denn diese Menschen rangen noch um ihre Lebensmöglichkeiten. Der Sowjetimperialismus brauchte nur die unterschwellig vorhandenen Abneigungen geschickt für sich auszunutzen. Er gründete in der Bundesrepublik an die vierzig verschiedene Vereinigungen, Komitees, Arbeitskreise und Ausschüsse, um von allen Seiten her die wehrunlustigen Deutschen für sich zu gewinnen und gegen ihr freigewähltes Parlament aufzuhetzen, bestrebt, diese Wiederaufrüstung Deutschlands mit allen Mitteln zu verhindern. Damit begann die erste Entwicklungsstufe zur Revolution. Sie setzt ein, wenn nach einer gewaltsam durchgesetzten, gemeinhin unbeliebten Politik wie die der Besatzungsmächte, der Druck dieser Herrschaftsmacht plötzlich nachläßt um eines eigennützigen Vorteils willen, so daß aus der Trotzreaktion eine wirksame Opposition einsetzt, wodurch erneuter Druck diesen Gegendruck aufzuheben sucht.

Die zweite Entwicklungsstufe zur Revolution setzte in dem Augenblick ein, als sich aus Literaten, Künstlern und Publizisten Intellekuelle bildeten. Weil sie vom Antiismus leben, brauchen sie dieses gesellschaftliche Klima der zweiten Entwicklungsstufe, um hervorzuwuchern. Völlig unkritisch stellen sie sich auf die Seite der verschworenen Regierungsgegner. Das begann 1955 mit der Paulskirchenbewegung, als die Europäische Verteidigungsgemeinschaft zur Debatte stand. Heinrich Böll und Stefan Andres traten der Bewegung bei, ebenso Max Born und Hellmut Gollwitzer. Auch Günter Grass gehört zunächst in diese Entwicklungsstufe der Revolution, im Gegensatz zu Enzensberger, der schon die dritte einleitete, die dort einsetzt, wo Intellektuelle in irrer Begeisterung ihren mystischen Traum von der ‚völligen Verfaultheit' der bürgerlichen Gesellschaft vortragen und von der geordneten Unordnung im Rechtsstaat reden, aus der alle Erlösung allein aus der Zersetzung dieses Staates komme. In ihre Neue Gesellschaft könne man sich nicht hineinentwickeln, wie Grass noch meinte, sondern müsse in sie hineinstürzen. Das ist die Zeit, die durch Hans Magnus Enzensberger und Hochhuth und Peter Weiss und Heißenbüttel 1963 eingeleitet wurde, als sich die außerparlamentarische Opposition von der Sozialdemokratischen Partei unabhängig machte, aus deren Kontrolle geriet und zur eigenen Kraft wurde, die nicht mehr nach Reformen, sondern nach einem utopischen Staat verlangt und die Revolution will. In dieser Zeit erprobt man schon den Aufstand. Die Baader-Meinhoff-Bande gab ihr kriminelles Provinzgastspiel.

Allen Anzeichen nach dürften die Voraussetzungen für die vierte Revolutionsstufe, die des Umsturzes, zwischen 1975 und 1980 gegeben sein. Eine genaue Zeitangabe dafür, wann eine winzige Banditengruppe einen ganzen Staat in Besitz nehmen kann als sei er zur Ohnmacht verwunschen, läßt sich nicht geben. Er hängt von zuvielen äußeren Umständen und Zufällen ab. Wir können nur feststellen, wo wir stehen — in der letzten vorrevolutionären Entwicklungsstufe! Wichtig für den Umsturz ist die Vorbereitung eines Zustandes der Gesetzlosigkeit, denn dem Volk oder der intellektualisierten Masse darf man dabei keine zu wichtige Rolle beimessen. Statisten kann man keine schwierigen Texte beibringen.

Eine wichtige Vorbedingung zur eigentlichen Revolution wurde von der Regierung Brandt dadurch erfüllt, daß sie die Bundesrepublik

Deutschland um ihre außenpolitische Bewegungsfreiheit brachte. Die traumatische Annäherung an die Sowjetunion muß als grober, kaum wiedergutzumachender Fehler gewertet werden. Denn eine ernstlich geschwächte Gesellschaft sollte sich vor dem schützen, was durch Machtinstinkt stark und aggressiv blieb. Internationale Verträge vermochten einen Schwachen noch niemals vor dem Machtrausch eines aggressiven Siegers zu schützen. Wir sind als Staat zu hilflos und als Volk zu verketzert, um wirkungsvoll gegen Vertragsverstöße der Sowjetunion vorzugehen. Wir selbst aber brauchen einer Vertragsverletzung nur laut und dauernd genug beschuldigt zu werden, müssen sie gar nicht begangen haben, um zum Nachgeben gezwungen zu werden. An dieser unheilvollen Lage ändert dann auch ein Regierungswechsel wenig. Mit Hilfe der deutschen Intellektuellen vermag die Sowjetunion alle ihre politischen Absichten durchzusetzen.

Die vierte Entwicklungsstufe, der Umsturz oder die eigentliche Revolution, verläuft, verglichen mit dem was folgt, milde. Das Morden hält sich im Bereich des Notwendigen. Manchmal verlaufen solche Machtergreifungen unblutig, was nur Revolutionsgeschichtsschreibern Kummer bereitet, weil sie dann ihre Phantasie strapazieren müssen, um noch irgendwo ein paar Blutzeugen zu finden und sei es aus der zweiten oder dritten Stufe der vorrevolutionären Entwicklung. Die fünfte Stufe der Revolution oder auch Nachrevolution beginnt mit dem Rausch trunkener Seligkeit in den die Sieger verfallen. Man umarmt sich, wirft den Karabiner in die Luft, Tränen kullern über die bärtige Wange, denn die Revolutionäre sind sprachlos darüber wie leicht sich das Werk erfüllen ließ, den Umsturz und die Entmachtung der herrschenden Gesellschaft herbeizuführen. Man hatte sich einen Feind ausgedacht, der wie ein wütendes Tier um den Besitz seiner Macht kämpft, stattdessen sah man ihn den Hut ziehen, um mit unsicherem Lächeln anzubieten, was man nicht geschenkt haben, was man erkämpfen wollte.

Die sechste Entwicklungsstufe der Revolution setzt mit der Ernüchterung ein, beginnt mit dem Katzenjammer, der jedem gewaltsamen oder erschlichenen Umsturz folgt. Er wirkt um so tiefer, je weniger Zerstörung notwendig war, den Umsturz durchzusetzen. Denn dann ist der sittliche, gesellschaftliche und ordnungsmäßige Zustand um so verwahrloster gewesen. Was der gestürzten Gesellschaft nachteilig war, kann den neuen Machthabern keine Vorteile bringen. Also zurück zu Gesetz und Ordnung und zu festen Verhaltensnormen! Das ist ohne Gewaltanwendung nicht zu bewirken. So bringt der Machtwechsel stets eine Steigerung des Elends, weil die neuen Herren wohl ausgezeichnete Agitatoren und Propagandisten waren, für aufbauende Arbeit aber keine Erfahrung mitbrachten.

Damit tritt die siebte Entwicklungsstufe ein. Weil die Fehlleistungen der neuen Herrschaft nicht als eigenes Versagen erkannt werden können, müssen sie das Ergebnis vermeintlicher Nachwirkungen einer wegen Unfähigkeit gestürzten Gesellschaft sein. Es beginnt die Suche nach Sündenböcken. In unserem Falle müßte alle Schuld dem Bürgertum zufallen, das man in blinder Besessenheit terrorisieren würde. Erst jetzt beginnt das Massenmorden. Die grausame Heidenverfolgung nach dem Sturz des römischen Reiches, das Massenmorden der Jakobiner in der Französischen Revolution, das Massenmorden der Bolschewiken in den zwanziger und dreißiger Jahren, die politischen Morde beim sogenannten Röhmputsch sowie die Judenverfolgung im nationalsozialistischen Deutschland, das Massenmorden in China nach der Machtergreifung Mao Tse-tungs, das uns bevorstehende Massenmorden in der Bundesrepublik Deutschland, alle diese entsetzlichen Erscheinungen menschlicher Raserei blieben unverständlich, sähen wir sie nicht als die zwangläufige Folge jeder Revolution an. Denn jede revolutionäre Bewegung hat ihren ‚Juden'. Gesellschaftliche Verhältnisse lassen sich gewaltsam ändern, menschliche Verhaltensweisen nicht. Sie folgen eigenen Gesetzen, dem Wunsch jedes einzelnen, die Bedingungen des Lebens konstant zu halten. Bei der großen Vielfalt menschlicher Wesensarten, geistiger wie sittlicher Entwicklungsstufen, Altersklassen und Leistungsaufgaben, müssen die Bedingungen des Lebens verschieden bleiben, auch wo man mit brutaler Gewalt über begrenzte Zeit hin ein Volk in eine gewisse Einheitsform gepreßt halten kann, ohne dadurch bereits gleiche Bedingungen des Lebens zu schaffen.

KREUZ UND SICHEL

Kirchenhistoriker, die einmal nach den Ursachen für den Niedergang der Kirchen in der zweiten Hälfte des zwanzigsten Jahrhunderts forschen werden, sollten nicht alle Schuld auf Papst Johannes den Dreiundzwanzigsten wälzen. Er war ein alter, gütiger Mann, der kurz nach seiner Amtseinführung siebenundsiebzig Jahre wurde. Gerade wegen seiner Unfähigkeit, kritisch zu denken, war er zum Nachfolger des bisher letzten großen Papstes, Pius des Zwölften, erwählt worden. ‚Übergangspapst' nannte man ihn, doch weil er alle törichten Wünsche seiner Zeit erfüllte, erhöhte man ihn zum ‚Reformpapst'.

Damals, 1958, begann sich die Intellektualisierung der katholischen Kirche durchzusetzen. Ein Kader kirchlicher Intellektueller stand zur Machtübernahme bereit. Im Kirchenvolk erkannte das niemand. Später sah man sich dort vor dieselbe Schwierigkeit gestellt wie 1966 der evangelische Pfarrer Alexander Evertz, den ‚Abfall der Kirche vom Vaterland' zu begreifen. Für jeden evangelischen Christen wurde die Intellektualisierung der Kirche sichtbar durch die ‚Denkschrift der Evangelischen Kirche über die Lage der Vertriebenen und das Verhältnis des deutschen Volkes zu seinen östlichen Nachbarn'. Abgesehen davon, daß die Erarbeitung der Denkschrift mit vorgefaßter Absicht schon im März 1963 in Auftrag gegeben worden war, muß man weiter zurückgreifen, um an die Anfänge dieser Intellektualisierung der evangelischen Kirche zu gelangen. Man dürfte dabei bis in das Jahr 1950 vorstoßen, als sich ein großer Kreis evangelischer Geistlicher in politischer Absicht um Dr. Gustav Heinemann scharte. Die Intellektualisierung der katholischen Kirche, die gar erst nach dem Zweiten Vatikanischen Konzil sichtbar wurde, entstand nicht erst aus den Ursachen dieses 1962 eröffneten und 1965 beendeten Konzils. Dieses beschleunigte nur ihre Entwicklung. Die Ursachen liegen weiter zurück. Sie sind im Frankreich der ausgehenden vierziger Jahre zu suchen.

Frankreich wurde in mancher Hinsicht schwerer als Deutschland mit dem Ergebnis des Zweiten Weltkrieges fertig. Angeblich zählte es zu den Siegermächten, doch fühlte es sich weder als Sieger noch als Macht. Zum Bewußtsein der militärischen Niederlage kam das der wirtschaftlichen Unterlegenheit als in Deutschland bald wieder die Wirtschaft blühte und in Frankreich nicht. Das war zuviel für eine Nation, die sich vom Ende des siebzehnten bis in die Anfänge des neunzehnten Jahrhunderts für die unwiderstehlich größte Nation Europas gab und sich noch hundert Jahre weiter dafür hielt. Für die Kirche kam die Schwierigkeit hinzu, ihre herzlich guten Beziehungen zur deutschfreundlichen Regierung unter Marschall Petain zu leugnen. Eigentlich gehörte sie zu den Verlierern, eine Rolle, die sie seit anderthalb Jahrtausend nicht mehr zu verkörpern wußte. So versuchte man das Unmögliche — sich als Widerstandskirche aufzuspielen. Mit diesem Stück kam man in den Industrierevieren Frankreichs am schlechtesten an. Dort herrschten Kommunisten, denn der französische Arbeiter verproletarisierte indes aus den deutschen Arbeitern Bürger wurden. Schon während des Krieges gingen französische Priester in die Fabriken, um mit den Arbeitern, wo sie schon nicht mehr mit ihnen beten wollten, zu arbeiten. Diese katholischen Arbeiterpriester waren vollausgebildete Theologen, die als ungelernte Arbeiter in Fabriken und Bergwerken schufteten, um abends für wenige in irgendeinem schmutzigen Abstellraum die Messe zu lesen.

Seit dem deutsch-sowjetischen Krieg leisteten die französischen Kommunisten Widerstand gegen die deutsche Besatzung. 1945 galten dem französischen Arbeiter diese Kommunisten als die eigentlichen Sieger. Wer mit den Arbeitern noch ins Gespräch kommen wollte, der mußte zu ihnen gehen und einer ihrer Kumpel werden, denn in den Kirchen hätte man auf sie vergebens gewartet. Die kommunistischen Genossen wichen einem Gespräch mit den Arbeiterpriestern nicht aus. Nur wurden sie davon nicht vom Evangelium ergriffen, sondern die Arbeiterpriester vom Marxismus beeinflußt. Darum mußte der Papst 1954 diese Einrichtung verbieten. Erst auf dem Zweiten Vatikanischen Konzil wurde sie als geistlicher Stand wiederzugelassen, ohne daß sie je aufhörte zu existieren. Das kam nicht als eine Entscheidung der Vernunft. Es war ein Zugeständnis in die eigene Ohnmacht. Wie überhaupt dieses letzte Konzil ein unfrommer Kampf um die politische Vorherrschaft war, kein Wahrheitssuchen, sondern ein Hängen und Würgen der Papstanhänger gegen das Vorrücken der Intellektuellen.

Diese katholischen Intellektuellen hatten sich zunächst in Frankreichs Kirche vor und nach dem Verbot der Arbeiterpriester entwickelt. Einer ihrer Führer war André Mandouze, einst Sprecher von Témoingnage Chrétien, soviel wie ‚Zeugen Christi', später Lateindozent an der Universität zu Algier. Schon 1948 gab er die Parole an die Kommunisten — prendre la main tendue! — ‚ergreift die euch dargebotene Hand', womit er zur engen Zusammenarbeit aufrief. Er rechtfertigte den Totalitarismus in den kommunistischen Staaten und erklärte, daß dieser noch keinen a b s o l u t e n Totalitarismus einschließe, „der eine Leugnung des Ewigen verlange, um die Verheißung des zeitlichen Lebens besser begreifen zu können. Die Wahrheit ist, daß der geistige Bereich seinem Wesen nach von Rechts wegen in die Zuständigkeit des Christentums gehört, während der politische Bereich von Rechts wegen in die Zuständigkeit des Marxismus gehört. Dabei muß die Kommunistische Partei unbedingt aufhören, das Christentum auf Grund der letzten Ziele des Menschen zu schikanieren, insofern das Christentum vor allem eine Mystik der Ziele ist. Die Kirche ihrerseits darf aber dem

Marxismus nicht in die Wahl seiner Aktionsmittel hineingreifen, insofern die Politik eine Disziplin der Mittel und Methoden ist. Später können sie vielleicht einmal in organischer Weise ihre Bemühungen aufeinander abstimmen und kombinieren. Doch in der Zwischenzeit sollen sich beide hüten, ihre besten Kräfte in fruchtlosen Kämpfen zu vergeuden, denn gerade darauf rechnet der Böse". Hier zeigt sich wieder der gestaltgewordene Bösewicht intellektuellen Denkens! Das Böse steht nicht in dauerndem Widerstreit mit dem Guten, nein, das Gute ist hier und das Böse dort! Mandouze wurde zum Führer sogenannter Fortschrittlicher Christen Frankreichs, denen sich in den fünfziger Jahren immer mehr einflußreiche Männer zugesellten, wie der Professor für Psychologie Paul Fraise.

Der Einfluß dieser katholischen Intellektuellen breitete sich rasch aus, auf Frankreich, auf Europa. Man betrachte nur die Bereitwilligkeit, mit der sich die katholische Kirche mehr denn andere der manieristischen Kunst öffnete, und es offenbart sich daraus ihr dummer Stolz, ewig Gültiges mit sämtlichen Torheiten der Zeit zugleich auszusagen! Mit wieviel Modegeschmack belastete sie sich, um für modern und ‚fortschrittlich' zu gelten! Nur so ist zu begreifen, wie schnell auch französische Kardinäle, Gerlier und Marty, vor allem die Jesuiten, begriffen, wie vorteilhaft es sei, sich in der politischen Auseinandersetzung immer auf Seiten der Radikalen zu stellen, schon um sie geneigt zu machen, nach ihrem Sieg der Kirche einen rechtlich bestimmbaren Lebensraum zu belassen.

Liest man die Beiträge der Jesuiten zum Zweiten Vatikanischen Konzil zur ‚Konstitution über die Kirche', wundert man sich über die Geschlossenheit ihrer Absicht. Der deutsche Star-Jesuit Karl Rahner leitete das Ansinnen mit einem Beitrag über ‚Die Kirche der Sünder' ein. Huren, Sünder und Zöllner, das Proletariat von damals, seien Jesu Gefährten gewesen. Luthers These vom Christen — ‚gerecht und Sünder zugleich', wird bei ihm umgestülpt in ‚Sünder und gerecht zugleich', Es könnte sich daraus ein Adelsanspruch ergeben, Sohn einer Hure zu sein, den man sich notfalls basteln muß wie im Kommunismus den ‚einfachen Arbeitersohn' um was werden zu können! Dem folgte Otto Semmelrot mit dem Geständnis, daß der Theologie noch nie der Versuch gelungen sei, in einer begrifflichen Definition zu sagen, was Kirche ist. Das hinderte ihn nicht, zu behaupten — es sei ohne Zweifel, daß die Kirche ihre Gläubigen dahin führen müsse, von sich selbst weg auf den in Christus sich offenbarenden Gott zu schauen. Damit löscht das Zweite Vatikanische Konzil, was das Erste teuer begründete, die

Autorität der Kirche in Fragen des Lehramtes und der Sitte!

Der Jesuit Jan Witte gab danach den wesentlichen Gedankenanschluß — „Schon Christus hat seinen Aposteln eingeprägt, daß sie auf bestimmte Weise teilnehmen an der Wesensbeziehung zwischen ihm und der ganzen Welt und daß sie darum mit einem u n i v e r s a l e n Auftrag in die Welt gesandt werden". Die Wirksamkeit der Jesuiten lag von jeher in ihrer verhüllten Aussage begründet, wissend, daß wer hören kann höre. Darum mußte der Jesuit Professor Alegria nach fünfundzwanzigjähriger Lehrtätigkeit an der päpstlichen Gregoriana Universität von seinem Ordensgeneral ‚beurlaubt' werden — nicht weil er als Jesuit gegen seine Gehorsamspflicht verstieß, sondern weil er ungestüm aussprach was vor der Masse noch verdeckt zu halten ist! Er sagte: „Marx hat mir geholfen, Jesus Christus wiederzuentdecken!"

Ich frage mich, was sind das für Theologen die mit dem Kommunismus sympathisieren? Wie können Sie das mit ihrem christlichen Gewissen vereinbaren? Oder haben sie kein Gewissen? Wissen sie nichts von der brutalen Existenz sowjetischer Konzentrationslager, die das Internationale Komitee zur Verteidigung der Menschenrechte Anfang 1973 mit über tausend angab? Haben sie nie davon gehört, auf welche Weise dort Menschen gefoltert werden, Torturen, die man selbst im sogenannten finsteren Mittelalter als zu unmenschlich verworfen hätte? Aber Marxisten gibt es unter den Jesuiten schon lange, nicht nur in Frankreich, auch in Deutschland. Doch erst als Arrupe 1965 Generaloberer des Ordens wurde begann die Kirche ihren langen Marsch nach Moskau. Ein wildgewordener Antikommunist wie Pater Leppich, ohnehin nur ein Jesuit zweiter Klasse, Koadjutor nicht Profess, wurde da untragbar für die katholische Kirche wie ein Pastor Wurmbrand, der vierzehn Jahre in sowjetischen Gefängnissen saß, für die evangelische. „Wir sind für die ganze Welt da, also auch für die Völker unter dem Kommunismus!" sagen die Jesuiten. Der Auftrag ist nicht neu und daß er in dieser politisch dümmlichen Form vorgetragen wird, verhöhnt jene, die für ihren Glauben in sowjetischen Konzentrationslagern und in den Folterkellern der Staatssicherheitspolizei auch in unseren Tagen noch Zeugnis ablegen. Doch von denen darf nicht mehr die Rede sein. Man begreift sich nicht mehr als Kirche der Verfolgten, sondern möchte als Kirche der Verfolger im Strom der Zeit mitschwimmen. Herr Arrupe redet sich ein, daß es zwischen Kommunismus und Christentum eine Übereinstimmung gäbe, nicht in den Methoden, aber in den Zielen. So töricht können sich Theologen geben nach allem was wir in diesem Jahrhundert nicht nur über den grundsätzlichen Atheismus des Marxismus erfuhren, sondern auch über seine Methoden, mit Andersdenkenden und Andersgläubigen zu verfahren!

Glaubensschwache Zeiten gehen auch an den Dienern der Kirche nicht spurlos vorüber. Vor allem Jungtheologen geben ihrem gläsern gewordenen Gott ein ideologisches Puppenkleid. Sie halten sich mit ihren intellektuellen Phrasen für die Fortschrittskünstler ihrer Zeit, kümmern sich nicht um die Ergebnisse einer politischen Irrlehre. Sie erregt keine menschliche Not, die schlimmste die es geben kann, die Not des verfolgten, des der Folterung hilflos ausgelieferten Menschen! Mandouze triumphierte über diesen Lauf der Dinge. „Unsere Zusammenarbeit mit den Kommunisten beruht nicht auf einem Minderwertigkeitskomplex, sondern stellt ganz einfach die offenkundige Tatsache in Rechnung, daß die Kommunisten auf politischem Gebiet eher da waren und uns hier überlegen sind. Unsere Zusammenarbeit mit den Kommunisten bewahrt uns nicht vor der alten Versuchung der Christen vom politischen Kampf zu desertieren, gerade in dem Augenblick, in dem zum Angriff geblasen wird. Aus diesem Grunde ist unsere politische Disziplin, die keineswegs von außen auferlegt ist — denn die Kommunistische Partei hat uns keine Befehle zu geben — eine echte Disziplin, die nicht auf hierarchischer Übertragung beruht, sondern auf einer sich in Freiheit ergebenden Konvergenz — also eine im wahrsten Sinne politische Disziplin!"

Wir kennen diese politische Disziplin, wir kennen sie zum Erbrechen! Zur letzten freien Reichstagswahl, der entscheidendsten die je in Deutschland stattfand, der Wahl vom 5. März 1933, nach fünfunddreißig Tagen der Regierung Hitler, einer Wahl bei der die Kommunisten noch fast fünf Millionen Stimmen bekamen und die Deutsche Zentrumspartei im härtesten Wahlkampf seit ihrem Bestehen stand, gaben die deutschen Bischöfe, unter dem Druck der Jesuiten, in einem Gemeinsamen Hirtenbrief ihre Einstellung zum neuen Reich bekannt, die im wahren Sinne eine politische Disziplin erkennen ließ, denn das Deutsche Reich stand unter dem Straßenterror kommunistischer Banden. Dieser Hirtenbrief fiel so gut aus, daß er von der SA im vollen Wortlaut nachgedruckt und auf der Straße verteilt wurde. Er erregte beim katholischen Volk im Rheinland und in Westfalen, das im stärksten politischen Kampf gegen die NSDAP stand, eine solche Unruhe und Verzweiflung, daß sich der Bischof von Trier zu der Erklärung bemüßigt fühlte, er werde auch nach diesem Hirtenbrief, seinem eigenen Gewissen folgend, nur für die Zentrumspartei stimmen können und tue es auch.

Damals trieb es intellektualisierte Jungtheologen in Scharen aus der Kirche in die NSDAP und SA. Der Gemeinsame Hirtenbrief der deutschen Bischöfe zur letzten freien deutschen Reichstagswahl gab der Versuchung nach. Ich zitiere den offiziellen Text vom ‚Verleger des Heiligen Apostolischen Stuhls' in Paderborn: „Nicht bloß nebensächliche Einrichtungen innerhalb unseres Volkslebens wanken und verschwinden, das Volksganze sucht nach einer neuen Grundlegung und einem staatlichen Ausbau, der sich vom bisherigen wesentlich unterscheidet. Auch der einzelne erfährt dem Staate und Volke gegenüber eine Umwertung die ihn vor schwerste Fragen und Aufgaben stellt und oft in einen Gegensatz zu seiner bisherigen Geisteshaltung bringt. Und all dieses Gären und Wogen vollzieht sich nicht bloß auf dem politischen und sozialen Gebiet, sondern brandet stürmisch bis an die Mauern der Kirche, ja sogar in das Kirchliche hinein. Bei diesem Umsturz der Verhältnisse und Umschwung auch der Menschen halten wir deutsche Bischöfe es für dringend notwendig, uns grundsätzlich zu äußern und den Diözesanen Wegweisungen zu geben, die aus dem katholischen Glauben entspringen, aber auch Wünsche vorzutragen und Forderungen zu stellen, die unserem oberhirtlichen Gewissen und unserer aufrichtigen Liebe zum Volke und zur Kirche entstammen.

1. Wenn wir unsere Zeit mit der vergangenen vergleichen, so finden wir vor allem, daß sich das deutsche Volk noch mehr als bisher auf sein eigenes Wesen besinnt, um dessen Werte und Kräfte zu betonen. Wir deutsche Bischöfe sind weit davon entfernt, dieses nationale Erwachen zu unterschätzen oder gar zu verhindern. Wir erblicken im Gegenteil im Volk und Vaterland herrliche natürliche Güter und in der wohlgeordneten Vaterlandsliebe eine von Gott geschenkte, schöpferische Kraft, die nicht nur die Helden und Propheten des Alten Testaments, sondern auch den göttlichen Heiland beseelte ... Wir deutschen Katholiken brauchen deshalb auch keine Neueinstellung dem Volk und Vaterland gegenüber, sondern setzen höchstens bewußter und betonter fort, was wir bisher schon als unsere natürliche und christliche Pflicht erkannten und erfüllten ...

2. Neben der gesteigerten Liebe zum Vaterland und Volk kennzeichnet sich unsere Zeit durch eine überraschend starke Betonung der Autorität und durch die unnachgiebige Forderung der organischen Eingliederung der einzelnen und der Körperschaften in das Ganze des Staates. Sie geht damit vom natürlichen Standpunkt aus, daß kein Gemeinwesen ohne Obrigkeit gedeiht, und nur die willige Einfügung in das Volk und die gehorsame Unterordnung unter die rechtmäßige

Volksleitung die Wiedererstarkung der Volkskraft und Volksgröße gewährleisten. Wenn der einzelne das Ganze aus den Augen verliert oder gar in sich selber den Maßstab der Beurteilung des Ganzen erblickt, kann wohl ein Nebeneinander von selbstsüchtigen Menschen bestehen, aber keine eigentliche Volksfamilie und Volkswohlfahrt erwachsen ... Gerade in unserer heiligen katholischen Kirche kommen Wert und Sinn der Autorität ganz besonders zur Geltung und haben zu jener lückenlosen Geschlossenheit und sieghaften Widerstandskraft geführt, die selbst unsere Gegner bewundern. Es fällt deswegen uns Katholiken auch keineswegs schwer, die neue, starke Betonung der Autorität im deutschen Staatswesen zu würdigen und uns mit jener Bereitschaft ihr zu unterwerfen, die sich nicht nur als eine natürliche Tugend, sondern wiederum als eine übernatürliche kennzeichnet, weil wir in jeder menschlichen Obrigkeit einen Abglanz der göttlichen Herrschaft und eine Teilnahme an der ewigen Autorität Gottes erblicken ...

3. Auch die Ziele, die die neue Staatsautorität für die Freiheit unseres Volkes erstrebt, müssen wir Katholiken begrüßen. Nach Jahren der Unfreiheit unserer Nation und der Mißachtung und schmachvollen Verkürzung unserer völkischen Rechte muß unser deutsches Volk jene Freiheit und jenen Ehrenplatz wieder erhalten, die ihm auf Grund seiner zahlenmäßigen Größe und seiner kulturellen Veranlagung und Leistung gebühren ... Wenn die neue staatliche Autorität sich weiter bemüht, sowohl die Ketten zu zerbrechen, in die andere uns schlugen, als auch die eigene Volkskraft und Volksgesundheit zu fördern und damit unser Volk zu verjüngen und zu einer neuen, großen Sendung zu befähigen, so liegt auch das Ganze in der Richtung des katholischen Gedankens. Krankheits- und Alterserscheinungen der Völker wirken sich auch im religiösen und sittlichen Leben verheerend aus und führen zu Zusammenbrüchen und Entartungen, die wir vom christlichen Standpunkt aus aufrichtig beklagen und bekämpfen. Wir deutschen Katholiken tragen deswegen gerne dazu bei, daß zumal unsere Jugend durch körperliche Ertüchtigung erstarke und im Arbeitsdienst ihre Kraft zum Nutzen des Volksganzen und zur eigenen sozialen Einfühlung und Einordnung verwerte ... Wenn sodann nach dem Willen der staatlichen Autorität die Zerrissenheit und Gegensätzlichkeit innerhalb unseres Volkes endlich der Einheit und Geschlossenheit weichen soll, so finden sie uns Katholiken auch auf diesem Gebiet als verständnisvolle und opferwillige Helfer ...

4. Sowohl die Volksautorität als auch die Gerechtigkeit, die das

Volkswohl begründet, setzen die Religion als notwendiges Fundament voraus. Zu unserer großen Freude haben die führenden Männer des neuen Staates ausdrücklich erklärt, daß sie sich selbst und ihr Werk auf den Boden des Christentums stellen. Es ist das ein öffentliches, feierliches Bekenntnis, das den herzlichen Dank aller Katholiken verdient. Nicht mehr soll also Unglaube und die von ihr entfesselte Unsittlichkeit das Mark des deutschen Volkes vergiften, nicht mehr der mörderische Bolschewismus mit seinem satanischen Gotteshaß die deutsche Volksseele bedrohen und verwüsten . . ."

Wird so auch der Gemeinsame Hirtenbrief, mit umgekehrter Empfehlung, zur letzten freien Wahl in der Bundesrepublik Deutschland aussehen? Wir müssen es annehmen! Denn die Jesuiten, ohne die in der katholischen Kirche keine politische Entscheidung fällt, bereiteten schon den Weg für Vorgänge, die vielen erst zu spät sichtbar werden. Auf diesen ideologischen Wegen tippeln jene Theologiestudenten, die als einziges Heiligenbild das bärtige Gesicht Che Guevaras an die Wand ihrer Studierstube hefteten. Viele der schon geweihten Jungtheologen betreiben mit Staatsgehältern ihre Privatkirche. Ihnen erscheinen jene, die das ihrem Bischof geleistete Gehorsamsgelöbnis wahren als „das letzte Aufgebot des Antichristen in Rom". Ihre mehr oder weniger kirchenamtlich geduldete Untergrundpresse, ‚sog papiere' und ‚imprimatur', zeigen die ganze Unduldsamkeit und anmaßende Rechthaberei des Intellektuellen. Sie gaben sich selbst den Auftrag ‚gehet hin und zersetzet die Kirche!' Das können sie innerhalb der Kirche besser erreichen als außerhalb. Darum besagt es wenig, wenn nach Angaben des Vatikans vom Beginn des Konzils bis zum Jahre 1970 dreizehntausend Priester auf ihren Antrag hin ihres Gelübdes entbunden und in den Laienstand zurückversetzt wurden. Nicht nur, weil viele einfach davonliefen, ohne um Genehmigung zu fragen, immer mehr behalten ihr Amt, nutzen es aus, die Kirche zu zersetzen, der sie Gehorsam gelobten.

Spät erkannte Papst Paul, in welchen Sog des Ungehorsams und der Pflichtvergessenheit die jungen Priester durch die Intellektualisierung der Kirche geraten waren. Seit 1971 versucht er, die aus der Kontrolle gekommene Bewegung zu bremsen. Aber jeder ungenügende Druck entwickelt nur Gegendruck, bis man sich endlich durchringt, Gelübde nicht nur abzunehmen, sondern auch auf ihre Einhaltung zu bestehen. Das Ergebnis wird eine neue Kirchenspaltung sein, wie vor hundert Jahren nach dem Ersten Vatikanischen Konzil, als sich die Abtrünnigen zur Altkatholischen Kirche formierten, die nie eine Bedeutung erlangte.

Jene intellektuellen Theologen, die sich heute mit dem Kommunismus die Welt teilen möchten, vergessen, daß es auch für Marxisten eine heilige Schrift gibt, jene von Marx und Lenin, die den Atheismus vorschreibt. Wohl wird man sich im Machtkampf der intellektualisierten Kirche bedienen, aber nicht zur Befriedung Rußlands, wie einige hoffen. Denn dort werden Christen, seit Breschnew dieses Land beherrscht, um ihres Glaubens willen brutal verfolgt. Nur zur Zersetzung des letzten Widerstandes auf dem Weg zur Sowjetisierung Europas sind Kommunisten schmunzelnd bereit, auch das Kreuz in der Sichel zu tragen.

DIE INTELLEKTUELLEN IN AMERIKA

Bis ins zwanzigste Jahrhundert waren die Vereinigten Staaten von Amerika für Europäer als Nation von minderer Bedeutung. Man achtete sie gering, weil ihre Politiker Einzelgänger blieben, in den politischen wie in den sozialen Fragen. Ihre Ablehnung des europäischen Geschichtsbewußtseins und der europäischen Traditionen, wie überhaupt europäischen Denkens, wirkte befremdend. Bis heute blieb das Bild, das sich Europäer vom amerikanischen Menschen machen, schief und im allgemeinen oberflächlich. Spengler warnte als erster davor, den Amerikanern die Bezeichnung Nation zu versagen, nur weil sie kein Volk im europäischen Sinne seien. Ein Volk kann verstreut leben, einer Nation liegt eine Idee zugrunde. Sie ist ohne einheitliche Kultur, ohne einheitlichen Wirtschaftsraum nicht denkbar. Auch größte Rassenunterschiede erschüttern noch nicht das Einheitsgefühl einer Nation. Wohl sind solche Nationen, wie die der Sowjetunion und die der Vereinigten Staaten, aus dem Innern her leichter angreifbar als solche Nationen, deren Angehörige einem einzigen Volk entstammen. Denn getragen und vertreten wird jede Nation, wie Spengler feststellte, vor der Geschichte von einer Minderheit. Verliert eine aus vielen Völkern bestehende Nation ihr Einheitsgefühl, denn es kommt ihr schnell abhanden, verliert sie auch ihr Selbstverständnis — sie zerfällt in ihre Bestandteile aus Rassengruppen, Volksgruppen, Bekenntnisgruppen.

Das Einheitsgefühl des amerikanischen Einwanderers erwuchs aus dem Gefühl gesellschaftlicher Unsicherheit. Er hatte nicht nur die Heimat aufgegeben, verloren ging ihm auch seine gesellschaftliche Stellung. Es wurde belanglos für ihn, welchem Stand er in der Heimat

angehört hatte. Darin lag der Unterschied zu den Kolonien Europas —
in diesen Vereinigten Staaten von Amerika galten die traditionsreichen
und vielschichtigen Rangunterschiede nichts! Gleichgültig, ob einer
Prinz oder Bauer oder Gelehrter oder Verbrecher war, diese neue Gesellschaft zog nur einen Unterschied, zwischen denen, die über Geld
verfügten und denen, die von der Hand in den Mund lebten. Die
Würde einer Familie aus längst vergangenen oder neueren Leistungsnachweisen bedeutete hier nichts. Achtung genoß, wer sich aus dem
durchweg dürftigen Gepäck des Einwanderers einen einflußreichen
Wirkungsbereich zu schaffen vermochte. Jede Bindung zur Vergangenheit war Nebensache — die Geschichte begann neu mit der Stunde der
Einwanderung. Der Lebensinhalt eines Amerikaners bestand und besteht aus beruflicher Laufbahn und Kapital. Als einzige ideelle Bindung
kam zunächst ein kalvinistisches Gottesbewußtsein auf, danach machten sich auch utopische Wahnvorstellungen breit, als eine Art Himmel
auf Erden mit versteinertem Gott.

Nichts verurteilt den Wahn der klassenlosen Gesellschaft mehr als
die Geschichtswerdung der Vereinigten Staaten. Die jeweils ersten
Landeroberer in dem sich von der Ostküste allmählich zur Westküste
abrollenden Vorgang der Kolonisierung waren Gleiche durch gleiches
Schicksal, gleiche Erwartungen und gleiche Möglichkeiten. Schloß diese
erste Entwicklung ab, was oft noch die ersten Kolonisten erlebten,
unterschied sich in der Siedlung der Tüchtige vom Unbeholfenen, der
Fleißige vom Trägen. Wie in jeder Zivilisation ordneten sich die Bewohner der Siedlung in gesellschaftliche Gruppen. Wer nicht danach trachtete, durch neuerworbenen Wohlstand oder neuerbrachte Leistung vor
den anderen achtbar zu werden, verkam und wurde zum Sonderling,
der weiterziehen mußte gen Westen, um nicht zu vereinsamen.

Diese Vorgeschichte zu geben war nötig, die frühen Wurzeln amerikanischer Intellektualität aufzuzeigen. Wer selbst einmal im Ausland
lebte, weiß, wie widernatürlich ein Verhalten ist, das wir an Einwanderern Amerikas feststellen können. Denn allgemein gilt, daß sich
nirgends ein Deutscher deutscher, ein Franzose französischer und ein
Brite britischer gibt als der, der außerhalb seiner Heimat leben muß.
Die besessene Religiosität der ersten Einwanderer Amerikas mag den
Grund zu diesem falschen, zumindest ungewöhnlichen Bewußtsein
gelegt haben. Dieses falsche Bewußtsein gab den Nährboden für ideologisches Denken und damit für Intellektualität. Dieses ideologische
Denken der Amerikaner blieb Europäern in seiner Sonderart unbegreiflich. Wir finden es schon bei Jefferson, Präsident der Vereinigten Staa-

ten zur Zeit Napoleons und Mitverfasser der amerikanischen Unabhängigkeitserklärung von 1776. Er beanspruchte, daß die Vereinigten Staaten eine universelle Nation seien, die universell gültige Ideen verfolge. Wir erkennen darin dasselbe anmaßend falsche, intellektuelle Bewußtsein mit seinem Heilswahn, von dem heute noch das Sowjetimperium beherrscht wird! Dieses Sendungsbewußtsein mit seinem pervertierten Gottesbewußtsein, das sich seinen Himmel ohne Gott als Utopia, dem Nirgendland des Thomas Morus denkt, ist den Amerikanern geblieben und bildet ihr Einheitsgefühl. Aus diesem schwärmerischen Sinn für das Utopische müssen wir das sonderbar wechselnde Verhältnis der Amerikaner zu den Marxisten begreifen — mal sieht man in ihnen abwegige Konkurrenten, mal liebe Brüder auf dem Weg zur Utopie.

Europäer sehen im Amerikaner immer nur die Unperson, das, was Amerika nach außen hin darstellt — die Konzerne, die Armee, niemals die Einheit der Vielvölkermasse die immer wieder in ideologische Fieberkrämpfe verfällt, deren Wirkungen man sieht, doch deren Ursache man nicht begreift. Die Schwäche und leichte Anfälligkeit des amerikanischen Menschen werden wir nie verstehen, wenn wir sie nicht immer wieder auf das falsche Bewußtsein einer unhistorisch denkenden Nation zurückführen. Aus demselben Grund können in Amerika Intellektuelle weitaus leichter und gefährlicher Einfluß nehmen als in Europa, das auch aus einer christlichen Lehre erwuchs, aber mehr Zeit fand, sich abzuklären und der geschichtlichen Erfahrung Raum zu geben.

Der amerikanische Soziologe Thorstein Veblen forderte schon 1899 von den Amerikanern, das Studium des klassischen Schrifttums aufzugeben und auf die Rechtschreibung der englischen Sprache zu verzichten. Er hielt eine gute Ausdrucksweise für schlecht und einen richtigen Satzbau für falsch. Wir erkennen an seinen Forderungen das uns heute so vertraut gewordene falsche Bewußtsein des Intellektuellen, dessen Aufbau im Abbau und dessen Ordnungssinn darin besteht, indem er danach trachtet, Unordnung zu schaffen. Einen letzten Höhepunkt ideologischen Denkens erlebte die amerikanische Nation unter Franklin Roosevelt, Präsident der Vereinigten Staaten für die ganze Dauer der nationalsozialistischen Herrschaft in Deutschland. Europas Unglück beruht darauf, daß es sich mit diesem Intellektuellen nie auseinandersetzte, weder vor noch nach seinem Tode.

Das Zeitalter Franklin Roosevelts offenbart das virulent gewordene Fehlbewußtsein amerikanischer Intellektualität, die eine Mischung aus utopischem Fortschrittsglauben und pseudo-religiösem Sendungsbewußtsein war. Vielleicht gab es zu unserer Zeit nur einen, der Roosevelt und mit ihm die intellektuellen Amerikaner begriff, das war de Gaulle. Er wußte, daß sich das freie Europa nur sichern könne, wenn es sich von Amerika geistig und kulturell unabhängig mache und trotz wirtschaftlicher und militärischer Unterlegenheit die geistige und kulturschöpferische Führung in der Welt zurückgewinne. Das setzt voraus, daß die kulturtragenden Länder Europas zu ihrem Selbstbewußtsein zurückfinden. De Gaulle kannte Roosevelt aus der Kriegszeit; er wußte, daß dieser amerikanische Präsident mit der Besessenheit eines religiösen Sektierers von dem Glauben erfüllt wurde und daran wirkte, ein Weltsystem zu schaffen, das von Frieden und Eintracht beherrscht werde. Dieser friedlichen Zusammenarbeit aller Völker einschließlich der Sowjetunion schien ihm nur das Deutsche Reich im Wege zu stehen. Der Jurist Roosevelt besaß kein Gespür für geschichtliche Erfahrungswerte und empfand rein ideologisch. Er glaubte fest daran, daß Stalin von denselben intellektuellen Träumen erfüllt sei wie er, nur seinen eigenen Weg suche, sie zu verwirklichen. Roosevelt kämpfte nicht gegen Deutschland, er kämpfte gegen das Böse. Man braucht nur Morgenthaus Pläne für Deutschland zu lesen, an denen Roosevelt maßgeblich mitgewirkt hatte, um die geistige Gestörtheit dieser amerikanischen Intellektuellen zu begreifen. Alle Warnungen des amerikanischen Intelligence Service vor den imperialistischen Absichten der Sowjetunion und alle Beweise für deren unsauberes Spiel tat Roosevelt mit einem besserwissenden Lächeln beiseite. Für ihn wurde das Böse vom Deutschen verkörpert, darum mußten die Absichten der Sowjets gut sein auch wo sie böse schienen. Wie bei allen Ideologen liegt das Gute vom Bösen getrennt.

Den heilsamen Schock, den das amerikanische Volk 1950 erfuhr, als die Machtpolitik der Sowjetunion durch den Überfall auf Südkorea unübersehbar wurde, kann sich der Europäer gar nicht vorstellen. Viele werden fragen, warum es nicht schon 1948 beim sowjetischen Putsch in der Tschechoslowakei erschrak. Hierbei überschätzen Europäer das Europabewußtsein des Amerikaners. Der Überfall auf die Tschechoslowakei berührte in Amerika nur wenige, weil man die Hintergründe nicht verstand und zu weit von den Geschehnissen weg war. Noch 1959, auf dem Höhepunkt der Berlin-Krise, deckte eine Meinungsumfrage auf, daß Zweifünftel aller befragten Amerikaner gar nichts über die politische Lage Berlins wußte. Wir sollten daraus erkennen, daß die Intellektualisierung einer Gesellschaft etwas anderes ist als ihre Bildung. Bildung stellt Anforderungen an den einzelnen, zu lernen, Intellektualisierung bedeutet nur das Aufwiegeln einer Masse, ideologisch zu denken, um aus einem falschen Bewußtsein zu utopischen Zukunftserwartungen zu gelangen. Eine Zukunft läßt sich jedoch nicht dadurch besser gestalten, indem man die niedrigsten Instinkte anspricht und gegen den politischen Gegner aufwiegelt. Der kommunistische Überfall in Korea ließ den Europäer zunächst unbeteiligt, um so heftiger erregte er den Amerikaner. Dieses Südkorea war erst kurz zuvor von amerikanischen Truppen geräumt worden in der Hoffnung, daß ein friedliches Nebeneinander der beiden koreanischen Landteile gewährt sei. Daraufhin ein schwerer Angriff der Kommunisten, der mit solcher Macht vorangetrieben wurde, daß er die rasch nach Südkorea zurückgeführten amerikanischen Truppen beinahe ins Meer geworfen hätte! Erschrocken erwachte man aus seinen Träumen. Zum erstenmal in seiner Geschichte fühlte sich die amerikanische Nation durch eine politische Macht bedroht. Daß es dazu kommen konnte, mußte eine tiefere Ursache haben — es mußte Verräter im Lande geben!

Große Zuneigung fand damals der junge Senator aus Wisconsin, Vorsitzender des unbedeutenden Ausschusses für Rechnungsprüfung und Verwaltungskontrolle, McCarthy. Endlich sah man einen Mann sich gegen die Verräterei erheben, der das Land vor der kommunistischen Unterwanderung retten wollte. Schonungslos ging McCarthy vor, gewann dadurch um so mehr Anhänger im Volk. Er genoß das Vertrauen der Amerikaner. Zwei, drei Jahre später war die ganz unter kommunistischen Einfluß geratene amerikanische Intellektuellenbewegung so gut wie tot. So gut w i e ! In Wirklichkeit steckte sie nur zurück, verschleimte ihre Absichten, kuschte sich mitleiderregend, nur um wieder hervorzukriechen, sobald der äußere Druck nachzulassen begann. Jedoch die Kommunistische Partei zerfiel, wurde nach dem brutalen Niederschlagen des Ungarn-Aufstandes durch die Sowjets bedeutungslos.

Stalin erkannte, daß er eine Schlacht verloren hatte und Gefahr lief, ausgehungert zu werden. Denn eine Wirtschaftsblockade mußte diese arme Großmacht in die schlimmsten innenpolitischen Schwierigkeiten bringen. Das Agrarland Sowjetunion sieht sich nicht in der Lage, genügend Weizen anzubauen. Auch militärisch stand es nicht gut. Der amerikanische General MacArthur siegte in Korea, stand schon dicht vor der chinesischen Grenze. Aller Raub des Sowjetimperialismus war bedroht. Eine neue Taktik schien Stalin geboten — er unterbreitete

Abrüstungsvorschläge! Gleichzeitig erhielten alle kommunistischen Parteien im Westen den Auftrag, durch Agitation und Propaganda den Eindruck zu erwecken, als beherrsche McCarthy das Parlament und die Regierung in Washington. Das widersprach den Tatsachen, erfüllte aber seinen Zweck. Allerdings scheiterte McCarthy an sich selbst, an seiner Selbstherrlichkeit, unter der er seit seinem Erfolg litt, in der er sogar die amerikanischen Generale wie schlimme Verräter behandelte. Er wußte zuviel über zu viele Amerikaner und meinte, ihnen ungestraft angst machen zu können. Wegen einer Unerheblichkeit, dem Wunsch, einen seiner Angestellten vom Wehrdienst zu befreien, drohte er dem zuständigen General, ihn zu belasten wenn er sich nicht seinen Wünschen füge. Das war im März 1954. Am Ende desselben Jahres wurde McCarthy als untragbar entlassen. Die Intellektuellen wußten den volksbeliebten Mann zum Popanz zu machen. Ebenso wie jeder deutsche Widerstand gegen die besessene Zerstörungswut der Intellektuellen für Nazismus erklärt wird und dadurch zum Mißerfolg verurteilt ist, so wird heute jeder Amerikaner als McCarthianer verteufelt der noch vor dem Zersetzungswillen der Intellektuellen zu warnen wagt.

An der amerikanischen Literatur ließe sich beweisen, wie das intellektuelle Empfinden alle geschichtlichen und gegenwärtigen Erfahrungen für wertlos darstellt, um das Heil für den Menschen im Utopischen zu suchen. Auch in den fünfziger Jahren boten amerikanische Schriftsteller nichts an, aus dem man schließen könnte, daß sie ihr falsches Bewußtsein in der Weltbetrachtung überwunden hatten. Sie wiesen keinen Weg und weckten keine Hoffnung, sondern produzierten Unbefriedigtheit, hüllten sich in stickige Ratlosigkeit, versteinerten vor oberflächlicher Verzweiflung — Steinbeck, Arthur Miller, Upton Sinclair, Salinger. Der Anstoß zum offenen Aufstand ging nicht von ihnen aus, sie schufen nur die Unzufriedenheit mit dem Überfluß. Auch der intellektuelle Zeitungsschreiber Walter Lippmann baute keine Aufstandsfront, verführte nur, jeden Widerstand aufzugeben. Die Rebellion kam von den Universitäten.

Der Soziologe Charles Wright Mills wurde zum Theoretiker der Neuen Linken, wie sich die militante Intellektuellenbewegung selber nannte. Zuneigung empfand sie nur für Kommunismus. Alles andere dünkte sie zersetzenswert. Mills Buch über ‚Die amerikanische Gesellschaft', das 1956 erschien, übte nicht nur am Gesellschaftsaufbau Kritik, es erregte Aufsehen wegen der kaum noch verdeckten Zuneigung für Kommunismus. Damals verurteilte noch die Presse solch Buch. Doch

Charles Wright Mills steigerte sich in seine fixen Ideen hinein und veröffentlichte 1958 „Die Ursache des Dritten Weltkrieges". Er mahnte eindringlich, jeden Widerstand gegen den Kommunismus aufzugeben. 1959 erschien ‚Die Neue Linke' und der Titel wurde zur Bezeichnung für eine Masse von anarchistischen und aufständischen Jugendbewegungen.

Die amerikanischen Kommunisten wußten, daß ihre Partei nur wieder Einfluß gewinnen könne, indem sie sich zum Sprachrohr einer intellektualisierten Jugend macht. Das patriarchale Denken der Europäer schlug schon im frühen neunzehnten Jahrhundert unter dem Eindruck des Frauenmangels in Amerika in ein matriarchales Denken um, aus dem ein Jugendkult erwuchs, der auch das, was wir heute davon in Europa erleben, alles in den Schatten setzt. Europäer stellten oft mit Befremden in Amerika fest, welche Demut Lehrer und Professoren vor ihren Schülern empfinden. Kinderpsychologen gewannen in den fünfziger Jahren die Erkenntnis, daß die vielbesprochene seelische Unausgeglichenheit und tiefe Unsicherheit dieser amerikanischen Jugend ihre Ursache in ihrer mangelnden Achtung vor Persönlichkeiten und Idealen habe. Das treibe sie an, sich auf bizarre Weise selbstherrlich zu geben. Die Kommunisten waren also gut beraten, daß sie ihre Einflußnahme bei den Jugendlichen begannen. Sie setzten sich in den Universitäten fest, gaben marxistische Zeitschriften heraus, in denen sie ihre Lehre philosophisch verbrämten. Der Erfolg setzte erst ein, als sie die Unzufriedenen gegen den Staat aufbrachten. Und Unzufriedene gibt es im Wohlstand immer. Vor allem sind es junge Leute, die sich ihrer Wehrpflicht entziehen möchten oder sich von der Aufsicht des Elternhauses freimachen wollen, um ihr Leben ungehemmt zu genießen. Ihnen lehrten die Kommunisten, wie dumm die Vorbehalte gegen das Rauschgift seien und daß man sie dadurch nur schikanieren wolle, ebenso wie mit Anstandsregeln und Sittengesetzen. Ein Rassenkonflikt wurde entwickelt, ausgenutzt und hochgespielt.

Wer heute in Europa auf die rein äußere Stärke Amerikas sieht und die innere Schwäche nicht wahrnimmt, wird eines Tages aufschrecken wenn das Riesending Amerika plötzlich wie vom Rost zerfressen leerläuft und zerfällt.

SOWJETUNION VOR DER KRISE

Revolutionsgeschichte schrieben bisher nur Sozialisten. Sie schrieben sie falsch. Sie schilderten Wirkungen, nicht Ursachen. Um die Geschichte der Französischen Revolution schreiben zu wollen, müßten wir unsere Nase in die lange Herrschaftszeit Ludwig des Vierzehnten stecken, und nicht in die Ludwig des Sechzehnten, der nur noch das Opfer der Revolution wurde. Auch die russische Revolutionsgeschichte wird immer nur in der Mitte begonnen, mit der Herrschaft des Zaren Nikolaus des Zweiten. Doch schon seines Vorgängers Vorgänger, Alexander der Zweite, starb 1881 unter den Kugeln der Revolutionäre. Alexanders Reformen hatten nichts befriedet, sie hatten nur die innenpolitischen Schwierigkeiten verschlimmert.

Wer einst die Geschichte der Revolution in der Sowjetunion zu schreiben hat, muß bei Stalin beginnen. Die Sowjetunion ist heute das hoffnunggebendste Land der Welt: wie schade, daß wir den Umsturz ihres Regimes nur noch als sein Vasall erleben werden, weil wir Intellektuellen erlaubten, unseren Rechtsstaat zu zersetzen. Gehen wir einmal den vorrevolutionären Ereignissen in der Sowjetunion nach!

Josif Vissarionovisch Dzhugashvili, genannt Stalin, starb 1953. Sein Chef der Sicherheitspolizei, Berija, wurde Monate später als Verräter hingerichtet. Entstalinisierung der Staatssicherheitsbeamten! Untersuchungen, Verhaftungen, Prozesse, Erschießungen. Aufstände in sowjetischen Konzentrationslagern, in denen die Opfer des Stalinismus ihre Befreiung erhofften. Für die meisten eine falsche Hoffnung! Stalins Nachfolger als Erster Sekretär des Zentralkommitees der KPdSU — Nikita Chruschtschow. Er leitete auf dem XX. Parteitag im Jahre 1956 offiziell die Entstalinisierung ein. Ein neuer Abschnitt begann. Die Linken im Westen nennen ihn ‚die Wende zur nachdespotischen Phase'. In Wirklichkeit fing etwas Neues an — der Beginn einer Revolution in ihrer ersten, vorrevolutionären Stufe.

Auf dem XX. Parteitag der KPdSU verspricht man, die Staatssicherheitsorgane, die bisher jeder Aufsicht entzogen waren, einer ‚gewissen' Staatsaufsicht zu unterstellen. Man wollte, daß sich das Massenmorden, das Parteifunktionäre mehr fürchten mußten als andere, nicht wiederhole. 1958 ernennt sich Chruschtschow zum Vorsitzenden des Ministerrats. Die Unruhe im Volk durch die sich steigernden Selbstbeschuldigungen von Parteifunktionären verstärkte das allgemeine Mißtrauen gegen die Partei. Chruschtschow versuchte, durch wirtschaftliche Versprechungen von diesem Makel abzulenken. Die im Elend lebenden Menschen sollten bis 1970 amerikanische Lebensverhältnisse bekommen. Groteske Planzahlen stellten die Zukunft dar; sie sagten unvorstellbaren Wohlstand voraus.

Die außenpolitischen Folgen der Entstalinisierung blieben nicht aus. China, Jugoslawien, Polen machten sich selbständig. Chruschtschow mußte nach außen hin zu diesen für den Sowjetimperialismus unerträglichen Entwicklungen noch lächeln. Um sich nicht den Vorwurf der Schwäche zuzuziehen, polterte er gegen die sich zu ihm liebenswürdig benehmenden Westmächte. Niemand begriff dort seine Wutausbrüche, die doch im Widerspruch zu allem anderen standen was er tat. Chruschtschow mußte die Aufmerksamkeit von den schlimmen innenpolitischen Entwicklungen in der Sowjetunion auf außenpolitische Aktionen lenken. 1960 erklärte Chruschtschow, daß die Schwerindustrie künftig nicht mehr gegenüber der Leichtindustrie bevorzugt werden solle. Der Grund für diese Erklärung — die hochgesteckten Erwartungen der sowjetischen Bevölkerung blieben unerfüllbar. Die Unruhen im Innern des Landes nahmen zu. Die Todesstrafe wurde nun auch bei Raub von Staats- und Gesellschaftseigentum verhängt.

4. Mai 1961: Das Präsidium des Obersten Sowjet der RSFSR legt fest, daß verbrecherische Personen durch Kameradenschiedsgerichte aus den Kolchosen auszusiedeln seien. Aus Angst vor dem Verdacht, man sei dem Parteibefehl nicht nachgekommen, bestimmten einige Kolchosen im voraus, daß mindestens vier bis acht Personen bestimmter Vorgehen zu beschuldigen und auszusiedeln seien, gleichgültig, ob sie begangen würden oder nicht. Das schlechte Gewissen der Parteileute, die alle Stalinisten waren, trieb zu solchen Auswüchsen! Im November 1961 wurden auf den Parteiversammlungen in allen Republiken der Sowjetunion Einzelheiten über die Vorgänge von 1937 und aus der Zeit von 1945 bis 1953 bekannt. Der XXII. Parteitag löste eine weitere Bewegung von Bedeutung aus: die junge Intelligenz des Landes klagte an! Sie mißtraute nun den Alten und zeigte es. „Ihr habt doch von den Vorgängen gewußt!" Hierbei traten junge Schriftsteller durch ihre Anklagen hervor. Das führte zum offenen Konflikt zwischen Parteibürokratie und Intelligenz.

24. Januar 1962: Die Prawda veröffentlichte eine Leserzuschrift, in

der Studenten auf das wachsende Verlangen nach freier Meinungsbildung hinweisen. In Zwangsstaaten fällt dem Leserbrief besondere Bedeutung zu; er sagt das, was eigentlich noch nicht gesagt werden darf, aber schon ohne Folgen riskiert werden kann. Im Februar wird Todesstrafe auch bei passiver Bestechung, Notzucht und Angriffen gegen Polizei und Hilfspolizei eingeführt. Suslow warnt: „Auf dem Gebiet der Ideologie ist eine Koexistenz unmöglich. Eine Versöhnung mit der bürgerlichen Idee kann nie in Betracht kommen." Im Juni zwangen Versorgungsschwierigkeiten und unzureichende Produktivität zu scharfen Preiserhöhungen. Chruschtschow als Schuldiger entläßt seinen Landwirtschaftsminister.

Im März 1963 bremste Chruschtschow die Stalinistenverfolgung, unter der die gesamte Partei angreifbar wurde. Er verteidigte Stalin und verbot das Erscheinen von Erlebnisberichten aus sowjetischen Konzentrationslagern. Die Staatssicherheitspolizei bekam wieder größere Befugnisse. Sie durfte nun auch bei angeblichen Devisenvergehen und Verdacht auf Unterschlagungen eingreifen. Das gab ihr wieder Spielraum zum Terror. Chruschtschow setzte den laufenden Siebenjahrplan vorzeitig ab; an seine Stelle kam ein Übergangsplan für die Zeit bis 1965, damit im Fünfjahrplan von 1966 bis 1970 die Vereinigten Staaten wirtschaftlich eingeholt würden. Die Überbetriebsamkeit im Planen sollte von einem drückenden Getreidemangel ablenken. Im Juli erklärte Chruschtschow, es sei wohl für niemand was Neues, wenn er sage, daß der beste Weg zur Lösung der deutschen Frage und zur Erlangung der Wiedervereinigung in der Beseitigung des bürgerlichen Gesellschaftssystems in der Bundesrepublik und in der Schaffung eines einheitlichen deutschen Staates auf marxistischer Grundlage liege. Drei Monate später mußte Konrad Adenauer als Bundeskanzler zurücktreten, weil er einer Wiedervereinigung im Wege stehe. Im Dezember verkündete Chruschtschow Pläne zum Großausbau der Chemieindustrie, damit die Lebensmittelversorgung endlich sichergestellt werden könne.

4. April 1963: Beschlagnahme eines von der Ukrainischen Akademie der Wissenschaften veröffentlichten antisemitischen Buches. Im Juni wurde in Moskau das Institut für Wissenschaftlichen Atheismus eröffnet. Erste Neuanfänge der Christenverfolgung! Am 15. Juli wird Breschnew, ein pragmatisch-technokratischer Funktionärstyp, als Nachfolger Chruschtschows vorgesehen. Um sich auf diese Aufgabe vorzubereiten, tritt er sein Amt als Staatspräsident an Mikojan ab. Am 14. Oktober 1964 wird Chruschtschow seiner Ämter enthoben. Zu-

nächst begründet man das mit seinem mangelhaften Gesundheitszustand und fortgeschrittenem Alter. Später wirft man ihm politisches und persönliches Versagen vor. Erster Parteisekretär und damit mächtigster Mann wird Breschnew. Sein Handlanger: Kossygin.

21. Februar 1965: Der Chefredakteur der Prawda, Rumjatschew, schreibt, daß die Intelligenz rund ein Fünftel der werktätigen Bevölkerung der Sowjetunion ausmache, die keine besonderen Privilegien besitze und keine Interessen vertrete die gegen jene der Arbeiter und Bauern verstoße. Absicht des Berichts — die winzige Minderheit der Gebildeten davor zu warnen, sich kritisch zur Partei einzustellen. Im Februar und März jenes Jahres finden in Moskau anti-amerikanische Demonstrationen statt, die unter Anführung der Chinesen stehen. Sie werden von der Polizei auseinandergetrieben. Peking wirft Moskau Verrat am Marxismus-Leninismus vor. Im März kritisiert Breschnew Chruschtschows Landwirtschaftspolitik. Er kündigt Investitionen in Höhe von 71 Milliarden Rubel an, um die Lebensmittelversorgung zu sichern. Das Bundeswirtschaftsministerium in Bonn gab bekannt, daß es im Osthandel Zahlungsfristen von fünf bis acht Jahren durch staatliche Garantien ermöglichen wolle. In jenem Sommer werden in Moskau zwei russische Schriftsteller verhaftet: Andrej Sinjawskij und Jury Daniel. Der eine bekommt sieben, der andere fünf Jahre Konzentrationslager. Bekannt wird es sechs Monate später! Im Dezember tritt Mikojan als Staatspräsident zurück. Sein Nachfolger wird Podgorny.

29. März 1966: Beginn des XXIII. Parteitages. Ernüchternde wirtschaftliche Bestandsaufnahme. Ende der rosigen Zukunft. Die verantwortungslose Manipulation mit Zahlen unter Chruschtschow wird verurteilt. Die Regierung erhält wieder größere Machtbefugnisse. Die Demokratisierungsversuche der Gesellschaft werden als Wahn bezeichnet. Man muß auf Terror zurückgreifen, um die gefährdete Diktatur wiederaufzurichten. Man weiß nun, daß es kein Mittelding gibt — entweder die Aufrechterhaltung der Gewaltherrschaft oder Ende des Bolschewismus durch allmähliches Hintreiben zur Anarchie. Breschnew läßt Podgorny sagen: „Die Sowjetführer denken nicht daran, auf Terror als Regulativ zu verzichten: aber dann tritt er eben nicht als bloße Willkür gegen den Sowjetbewohner auf, sondern als Gesetz gezähmt". Gezähmter Terror? Die zu dieser Zeit wütende Christenverfolgung und der Terror gegen die Intelligenz geben dazu ein grausiges Bild. Folterungen an Menschen wie zu Stalins Zeiten, dazu öffentliche Prozesse unter Richtern, denen keine Entscheidungsfreiheit blieb! Siebenundzwanzig Wissenschaftler und Schriftsteller reichen ein Memo-

randum an das Zentralkomitee der KPdSU. Sie warnen vor der Restalinisierung. Sie verlangen die Ehrung der Opfer des Stalinismus und eine weiterführende Kritik an Stalin. Breschnew verbietet beides.

Im Februar 1966 berichtet der sowjetische Schriftsteller Tarsis, dem die Ausreise erlaubt worden war und der sich weigerte, in die Sowjetunion zurückzureisen: Schriftsteller würden in Irrenanstalten gesteckt und mit hochgradig Verrückten eingekerkert. Gezähmter Terror? Wo früher Leute im Konzentrationslager verschwanden, müssen sie nun zuvor von befangenen Gerichten verurteilt oder von Parteiärzten für verrückt erklärt werden. Siebzig Wissenschaftler, Studenten und Schriftsteller werden verhaftet und nach scharfem Verhör zu langjähriger Haft in Konzentrationslagern verurteilt. Die Bezeichnung ‚Konzentrationslager' wird nicht mehr gebraucht, sie heißen jetzt ‚Arbeitslager'. An den Konzentrationslagern änderte sich nichts, es werden ständig neue gebaut und bestehende erweitert. Im Mai 1967 wird Jurij Andropow neuer Chef der Sicherheitspolizei. Andropow ist Osteuropa-Kenner, ohne jede innenpolitische oder polizeidienstliche Erfahrung. Seine Ernennung wirft ein Licht auf die vom Kreml erwarteten Schwierigkeiten im Ostblock. Im November jenes Jahres erhalten Inhaber hoher militärischer und ziviler Auszeichnungen zur Sicherung ihrer Loyalität die unter Stalin gehabten Vorrechte wiedereingeräumt. Wegen anti-sowjetischer Propaganda werden zu Konzentrationslager verurteilt: die Schriftsteller Alexej Drobrowskij, Jurij Galaiskow, Alexander Ginsburg, sowie eine Studentin. Bundesaußenminister Brandt schlägt die Wiederzulassung der verfassungswidrigen KPD vor. Im Osten gibt man ihm abgesprochene Hilfestellung: Brandts Vorschläge werden in Moskau und Ost-Berlin scharf verurteilt!

Februar 1968: Die von chinesischen Kommunisten in Moskau angezettelten Aufmärsche asiatischer und afrikanischer Studenten werden mit Gewalt von der Polizei auseinandergetrieben. Studentenunruhen auch in Paris, danach in deutschen Universitätsstädten. Der kommunistisch beherrschte Verband Deutscher Studenten fordert Anerkennung des Zonenregimes. Stoph fordert die Bundesregierung auf, die parlamentarischen Beratungen an den Notstandsgesetzen einzustellen. Im August Einmarsch sowjetischer Truppen in die Tschechoslowakei. Im Oktober werden in Moskau fünf Persönlichkeiten zu Konzentrationslager verurteilt, die öffentlich gegen die Besetzung der Tschechoslowakei protestierten. Unter ihnen der Physiker Litwinow und die Ehefrau des seit zwei Jahren in Konzentrationslagern inhaftierten Jurij Daniel. Im Dezember kommt es zu ähnlichen Verurteilungen in Leningrad.

22. Januar 1969: Anschlag auf einen Kosmonauten vor dem Kreml. In Parteiorganen werden im Februar Literatur- und Theaterzeitschriften wegen liberalistischer Tendenzen scharf gerügt. Die ideologische Erziehung müsse verbessert werden; nach mehr als fünfzig Jahren Sowjetdiktatur! Im Sommer will der Schriftsteller Anatoli Kusnjezow von einer Auslandsreise nicht in die Sowjetunion zurückkehren.

4. Februar 1970. Die sowjetische Regierung eröffnet in Moskau ein Institut zur Beeinflussung der öffentlichen Meinung in Deutschland, genannt ‚Institut für Beziehungen mit der Öffentlichkeit der Bundesrepublik Deutschland.' Im März bezeichnete die Prawda das marxistische Weltsystem als einheitliches Vaterland aller Völker; der Nationalismus im Ostblock wird gerügt. Alexander Ginsburg erhält Strafmilderung; er wird aus dem Konzentrationslager in ein Gefängnis überführt. Der Schriftsteller Andreij Amalrik kommt wegen anti-sowjetischer Propaganda ins Konzentrationslager; der junge Schriftsteller und Historiker hatte anhand von gesellschaftlichen Erscheinungen den Nachweis erbracht, daß die Sowjetunion das Jahr 1984 nicht überleben werde. Im Juli forderte die Moskauer Sowjetskaja Rossija verstärkte Hetze gegen die christliche Religion; die atheistische Propaganda sei zu verstärken. Fluchtwillige entführen im Oktober zwei sowjetische Verkehrsmaschinen in die Türkei. Unter den elf Flüchtlingen befinden sich sieben Juden. Wenige Monate zuvor war ein gleicher Versuch in Leningrad gescheitert. Der Anstifter zu diesem Fluchtversuch bekam fünfzehn Jahre Konzentrationslager ‚unter besonderem Regime'. Er dürfte die körperlichen Züchtigungen nicht überleben!

1971: XXIV. Parteitag. Auch Breschnew muß Wirtschaftsversprechungen machen, um die Ruhe im Innern wieder herzustellen. Auch diese Versprechungen haben keine Aussicht auf Erfolg. Zu den Autonomiebestrebungen in der Sowjetunion erklärte er: „Die nationale Frage ist für die Sowjetunion gelöst; es ist eine historische Gemeinschaft entstanden, das Sowjetvolk!" Genau das war nicht der Fall! Im Januar 1972 wurde der sowjetische Schriftsteller Wladimir Bukowsky wegen anti-sowjetischer Propaganda zu fünf Jahren Konzentrationslager verurteilt, die er ‚unter verschärften Bedingungen' verbringen muß. Bukowsky sagte: „Unsere Gesellschaft ist immer noch krank; sie ist krank vor Angst!" Im Mai kommt es in Lettland zu Selbstverbrennungen. Kernforscher Sacharow übt Kritik am Dogmatismus und Messianismus Breschnews. Sacharow forderte freie Ausreise für alle Sowjetbewohner und Wiederherstellung der Rechte der unter Stalin zwangsumgesiedelten Völker. Im August baten zwanzigtausend der in Sibirien lebenden Krimtataren, in ihre Heimat zurückkehren zu dürfen. Die Forderung wurde abgelehnt.

Aus dieser Anatomie einer revolutionären Entwicklung hören wir schon die Zeitbombe des Umsturzes ticken. Längst ist der sowjetische Herrschaftsbereich in die zweite Phase vorrevolutionärer Erscheinungen eingetreten. Sie begann in dem Augenblick, da sich die bekanntesten Wissenschaftler und Schriftsteller der Sowjetunion auf die Seite der Opposition stellten. Doch erst in der dritten Stufe bilden sich Intellektuelle wie Böll und Grass. Im Gegensatz zu jenen Gebildeten, die nicht die Ordnung zersetzen wollen, die nur gegen das nackte Unrecht eintreten, riskieren die Intellektuellen nichts mehr. Sie überbieten sich im Fordern — aus blankem Fanatismus, oft auch nur, um sich ins Bild zu setzen. Persönlich verantwortlich fühlen sie sich für nichts.

BRAUCHEN WIR INTELLEKTUELLE?

Intellektuelle, so hört man, sind für den Fortschritt und die Freiheit unentbehrlich. Denn die Mächtigen beharren und scheren sich nicht um das, was dem einzelnen recht ist oder unrecht. Gäbe es keine Intellektuellen, fänden die Mächtigen und die Nutznießer dieser Macht keine Kritik. Nie stünden sie unter dem Zwang, Fehlentwickeltes rückgängig zu machen und Unentwickeltes zu entwickeln. Daran stimmt eins nicht — die ideologische Ausrichtung des Intellektuellen behindert ihn, Mängel unparteiisch zu sehen. Sie macht ihn, wie Heinemann von sich sagte, auf einem Auge kurzsichtig. Er unterscheidet zwischen gerechten und ungerechten Mängeln. Niemand verbreitet Freiheit, der alle Ordnungseinheiten einer zivilisierten Gesellschaft zersetzt — den Staat, die für ihr Handeln persönlich verantwortliche Autorität, die Familie! Es gibt keine Freiheit außerhalb der Ordnung. Wer ordnungschaffende und rechtsichernde Institutionen zerstört, schafft Unfreiheit.

Nicht die Kritik an der Gesellschaft macht den Gebildeten zum Intellektuellen, sondern die Art der Kritik. Es gibt die konstruktive Kritik des Gebildeten und die destruktive Kritik des Intellektuellen. Die eine will Mangelhaftes bessern, die andere will alles, Gutes wie Schlechtes, zersetzen. Darum kann nicht der Intellektuelle, sondern nur der Gebildete für Fortschritt und Freiheit eines Volkes notwendig sein.

NAMEN- UND SACHREGISTER

Adenauer, K. 4, 81, 102
Adorno, Th. W. 13, 26
Alchimie 17
Alegria, Prof. 88
Alexander II. 100
Allgemeinbildung 45 f.
Almarik, A. 105
Amerika 55 f., 93 f., 99
Anarchie 54
Anarchisten 22
Andres, St. 82
Andropow, J. 104
Antes, H. 9
antiautoritäre Erziehung 23 ff., 27 f.
Antikunst 7, 9, 11
Arbeiter 35, 71
Arbeiterpriester 86
Arndt, E. M. 66
Arnold, K. 18
Aron, R. 43
Arrupe, P. 88
Astrologie 17
Auer Druck GmbH 20
Aufklärungsfilm 21
Augstein, R. 79
Autoritäre Persönlichkeit 26
Autorität 53 f., 90, 107
Baader, A. 54, 82
Baudelaire, Ch. 18
Beckmann, M. 18
Benn, G. 16
Bergengruen, W. 16
Berija, L. P. 100
Berlin 96
Beuys, J. 3, 6 ff., 45
Bienek, H. 16
Bierbaum, O. J. 18
Bildung 43, 46, 50
Bismarck, O. v. 60
Blumauer, A. 18
Boccaccio, G. 17
Böll, H. 3, 32 f., 82, 106
Börne, L. 3, 63 f., 66 ,68

Born, M. 82
Brandt, W. 60, 82
Brentano, Cl. 66
Breschnew, L. I. 61, 74, 93, 103 ff.
Breysig, K. 52
,Brockhaus, Großer' 31
bürgerl. Gesellschaft 22, 36, 49, 53, 77
Bukowsky, Wl. 105
Bundesrep. Deutschld. 4, 80 ff., 92
Buonarcorsi, P. 17
Burschenschaft 38
Carraci, A. 17
Casanova, G. G. 17 f.
China 84, 101
Christenverfolgung 103
Chruschtschow, N. S. 73 f., 100 ff.
Dadaismus 16
Dahrendorf, R. 42
Daniel, J. 103 f.
Demokratisierung d. Bildg. 48
Deutschland 6, 9, 18, 31 ff 39, 42 f., 47, 49, 66, 68 ff., 73 f., 77 f., 88, 95
Dichtkunst 16
Dienst, R. G. 6
Dix, O. 18
Drobrowskij, A. 104
,Documenta' 45
Dulles, J. F. 56
Dutschke, R. 26
Dwinger, E. E. 74
Ebert, F. 71 f.
Edwards, L. P. 80
Egk, W. 15
Eichendorff, J. v. 66
Einsicht 38
Einstein, A. 50 f.
elektron. Musik 15
England 70, 77

Entnazifizierung 76
Entstalinisierung 100
Entwicklung 51
Enzensberger, H. M. 82
Erasmus v. R. 56
Erkenntnis 41
Erziehung 24, 36
Everth, A. 85
Existenzphilosophie 12
Fachidiot 46
falsches Bewußtsein 95
Familie 25, 36, 107
Faschismus 26, 78
Feuerbach, L. 66
Fichte, J. G. 38 f.
Fleury, A. H. d. 60
Flüchtlinge 78
Folkwang Museum 5
Fortschritt 107
Fraise, P. 87
Frankreich 17 f., 32, 49, 65, 67 f., 86
Franz. Revolution 18, 31, 84, 100
Freiheit 39, 50, 53 f., 62 f., 79, 107
Friedell, E. 64
Friedrich d. Gr. 57 f.
Friedr. Wilh. I. 57 f.
Futurismus 37 f.
Galaiskow, J. 104
Gaulle, Ch. d. 96
Gebildete 44 ff., 56, 73, 106 f.
Geiger, Th. 36, 44
Gerlier, P. 87
Geschichtsbewußtsein 43, 93
Gestapo 77
Gewerkschaften 20
Ginsburg, A. 104
Glaser, H. 4
Goebbels, J. 14, 72
Goethe, J. W. v. 3, 51 ff., 61, 64 ff.

Goléa, A. 15
Gollwitzer, H. 82
GPU 70, 74 f., 77
Grass, G. 3, 82, 106
Grillparzer, F. 66
Groener, W. 72
Grosz, G. 18 f., 37
Guevara, E. 54, 92
Guizot, F. 67
Handke, P. 3
Hartmann, N. 12 f.
Haschisch 21 f.
Haßautorität 53
Hauptmann, G. 3, 27
Hegel, G. W. F. 66, 68
Heidegger, M. 13
Heine, H. 3, 63 ff.
Heinemann, G. 85, 107
Heißenbüttel, H. 82
Herder, J. G. 60
Hesse, H. 3
Hirschel, A. 58 f.
Hirtenbrief, Gemeinsamer 89 ff.
Hitler, A. 5, 33, 64, 70, 89
Hobby 45 f., 50
Hochhuth, R. 82
Hölderlin, J. Chr. Fr. 66
Hörspiel 14
Horkheimer, M. 13
human. Bildung 48
Humboldt, A. v. 27
ideolog. Ausrichtung 107
Institutionen 36, 47
Institut f. Beziehungen m. d. Öffentl. d. B. R. D. 105
Institut f. Wiss. Atheismus 102
intellekt. Kunst 6
Intelligenz 29 ff., 34, 41, 43 f., 101, 103
Intern. Komitee z. Verteidg. d. Menschenr. 88
Irrenanstalten 104

Irritation 8
Italien 17, 20, 78
Jaspers, K. 13
Jefferson, Th. 94
Jesuiten 18, 23, 87 f., 92
Johannes XXIII. 84 f.
Juden 63 ff., 84, 105
Jugend 19, 54 f., 78, 99
Jugendkult 99
Jugoslawien 101
Kant, I. 28, 39, 49, 52
Karl d. Gr. 60
Kierkegaard, S. 12
Kinderladen 24 ff.
Klasse 36
klassenl. Gesellschaft 36, 94
Klopstock, F. G. 51
Körner, Th. 68
Kogon, E. 4 f., 46
Kolbe, G. 3
Kolchose 70, 74
Kolle, O. 21
Kommunisten 21, 70 f., 75, 85 f., 89, 93, 99
Kommun. Partei 35, 70, 86, 104
‚Konkret' 21
Konzentrationsl. 13, 74 f., 77, 88, 102 ff.
Konzertleben 15
Korea 97 f.
Kossygin, A. A. 103
Kosmonaut 105
Kratzmeier, Prof. 25
Krimtataren 106
Krisenstimmung 12
Kritik 62, 107
Kulak 74
Kultur 11, 47 f.
Kunst 5, 7, 10, 45
Kusnjezow, A. 105
Langgässer, E. 16
Lassalle, F. 63
Lehmann, W. 16
Leibniz, G. W. 52
Lenin, W. I. 21, 32 ff., 38, 74, 93
Leppich, J. 88

Lessing, G. E. 3, 59
Lettland 105
Linksintellekt. 73
Lippmann, W. 98
‚Literarische Rundschau' 69
Litwinow, Physik. 104
Löning, K. 63
Louis Philippe 67
Lucini, G. P. 37
Ludwig XIV. 100
Ludwig XV. 60 ff.
Ludwig XVI. 100
Luther, M. 56
Lyrik 16
Machtkritik 44
Mandouze, A. 86, 89
Mann, G. 46
Mann, H. 75
Mann, Th. 51
Mannhardt, J. W. 76
Mao Tse-tung 84
Marcuse, H. 13
Marinetti, F. T. 37
Marty, F. 87
Marx, K. 33, 88, 93
Marxismus 13, 27, 34, 86 f., 103
Maupertius, P. L. M. d. 59
MacArthur, D. 97
McCarthy, E. J. 56, 97 f.
Meinhoff, U. M. 4, 54, 82
Melanchthon, Ph. 23
Merseburger, P. 4, 63
Mikojan, A. J. 102 f.
Miller, A. 98
Mills, Ch. W. 98 f.
Minderwertigkeitskomplex 65
Mirabeau, G. H. R. 18
Molnar, Th. 55 f.
Morgenthau, H. 96
Morus, Th. 95
Musik 14 ff.
Mussolini, B. 38
Napoleon I. 39, 95
Nation 32, 35 f., 91, 93

Nationalsozialismus 13, 27, 76 ff., 84
Neue Gesellschaft 35, 54, 82
Neue Linke 19, 98 f.
‚Neue Rundschau' 76
Nikolaus II. 100
NKWD 77
Nossak, H. E. 16
Notstandsgesetze 104
Oper 15
Orff, C. 15
‚Osservatore Romano' 20
Osthandel 103
Palazzeschi, A. 37 f.
Paul VI. 92
Persönlichkeit 33, 39, 41 f., 49 ff., 62, 66
Pestalozzi, H. 23, 27
Petain, H. Ph. 85
Pflichtbewußtsein 27 f.
Philosophie 12, 44
phil. Intellektualismus 38 f.
phil. Journalismus 13
Pieck, W. 79
Pius XII. 85
Podgorny, N. W. 103
Polen 101
polit. Intelligenz 40 f.
Pornographie 17
‚Prawda' 101, 105
Preußen 71
Proß, H. 4 f., 46
psych. Kriegführung 12, 77
Radek, K. 75
Rahner, K. 87
Rechtsintellektuelle 36 f.
Reformation 12
Reich, W. 19 f.
Reichswehr 70
Renaissance 12, 17, 31
Restauration 4 f.
Revolution 32, 34, 42, 79 ff., 100
Rodin, A. 3
Roosevelt, F. D. 95 f.

Rotfrontkämpferbd. 70 ff., 75
Rousseau, J. J. 56 f.
Rowohlt Verlag 69, 75
Rudenko, R. A. 75
Rumjatschew, Chefred. 103
Rundfunkanstalten 14
SA 89 f.
Sacharow, Kernf. 105
Sade, D. A. F. d. 18, 42
Sadismus 18, 42
Salinger, J. D. 98
‚St. Pauli Nachrichten' 20
Scheidemann, Ph. 72
Schelling, F. W. 38 f., 51, 66
Schelsky, H. 42
Schiller, F. 3, 39, 50 f., 60, 67
Schirach, B. v. 26
Schneider, R. 3
Schopenhauer, A. 51, 66
Schulreform 23
Schumpeter, J. A. 36
Seidlitz, J. 63
Semmelrot, O .87
Sibelius, J. 3
‚Simplizissimus' 18
Sinclair, U. 98
Sinjawskij, A. 103
Sittlichkeit 36, 39 ,54
sowj. Imperialismus 32, 78, 81, 98
‚Sowjetskaja Rossija' 105
Sowjetunion 13, 24, 40, 73 f., 78, 83, 96 f., 100 ff.
SPD 20, 72
Spengler, O. 39, 51, 69, 93
Sprache 95
Stalin, J. 13, 22, 70, 74 f., 77, 96 f., 100, 102 ff.
Steinbeck, J. 98
Stieglitz, H. 40, 45

Stockhausen, K. H. 3
Stoph, W. 104
Stramm, A. 16
Stunde Null 11
Sturmkreis 16
Suslow, M. R. 102
Tarsis, Schriftst. 104
Tausch, A. u. R. 25
Terror 103 f.
Teschitz, K. 22
Thadden, A. v. 81
Theater 14
Tonkunst (s. Musik)
Tradition 39
Trajan, M. U. 60
Tschechoslowakei 96, 104
Tucholsky, K. 3, 69 ff.
Turgot, A. R. J. 61
Ukr. Akademie d. Wiss. 102
Ungarn 97
Unwin, Dr. J. D. 20
VDS 104
Veblen, Th. 95
Verantwortungsbew. 53
Vertriebene 78
Voltaire, F. M. 3, 57 ff.
Weimarer Rep. 69, 71 f.
Weiss, P. 82
Weltbürgertum 39
Westfalen 57
Wiederaufbau 5 f., 11, 78
Wiederaufrüstung 81
Wieland, Ch. M. 51, 67
Wiesner, A. 63
Wilhelm II. 23
Witte, J. 88
‚Woche, Die' 73
Wurmbrand, R. 88
Zadek, P. 3
Zentrumspartei 89 f.
Zersetzung 32, 37, 39 ff., 47, 51
Zweites Vatik. Konzil 86 f.

QUELLENVERZEICHNIS

Aron, Raymond, Opium für Intellektuelle oder Die Sucht nach Weltanschauung, Köln 1957
Atkinson, James D., Bis zum Flammenrand des Krieges, Frankfurt 1961
Ausstellung Westdeutscher Maler, Katalog, Essen 1948
Baumgarth, Christa, Geschichte des Futurismus, Reinbeck 1966
Bauer, Dr. Wilhelm, Deutsche Kultur von 1830—1870, Potsdam 1937
Behr, Hermann, Vom Chaos zum Staat, Frankfurt 1961
Bienek, Horst, Werkstattgespräche mit Schriftstellern, München 1962
Börne, Ludwig, Briefe aus Paris, Hamburg 1832
Breysig, Kurt, Persönlichkeit und Entwicklung, Stuttgart 1925
Briel, J. H. D., Tableau des Revolutions de L'Empire D'Allemagne, Paris 1787
Darendorf, R., Soziale Klassen und Klassenkonflikt in der industriellen Gesellschaft, Stuttgart 1957
Dienst, Rolf Gunter, Noch Kunst, Düsseldorf 1970
Domenach, Jean Marie und Montvalon, Robert de, Die Avantgarde der Kirche, Olten 1968
Dutschke, R., Die Widersprüche des Spätkapitalismus, etc., in ,Rebellion der Studenten', Reinbeck 1968
Edwards, L. P., Natural History of Revolution, London 1932
Ehrt, Dr. Adolf, Bewaffneter Aufstand, Berlin 1933
Eichler, Richard W., Viel Gunst für schlechte Kunst, München 1969
Einstein, Albert, Mein Weltbild, Amsterdam 1934
Evertz, Alexander, Der Abfall der evangelischen Kirche vom Vaterland, Velbert 1966
Fichte, Johann Gottlieb, Das System der Sittenlehre, Jena 1798
Fichte, Johann Gottlieb, Über des Wesen des Gelehrten, Berlin 1806
Friedell, Egon, Kulturgeschichte der Neuzeit, München 1927—31
Friedrich der Große, Auswahl aus seinen Schriften und Briefen, Stuttgart ca. 1910
Gabel, Joseph, Ideologie und Schizophrenie, Frankfurt 1967
Gehlen, Reinhard, Der Dienst, Mainz 1967
Geiger, Th., Aufgaben und Stellung der Intelligenz in der Gesellschaft, Stuttgart 1949
Geyer, Horst, Über die Dumheit, Göttingen 1956
Glaser, Hermann, Die Bundesrepublik zwischen Restauration und Rationalismus, Freiburg 1965
Grosz, George, Ein kleine Ja und großes Nein, Reinbeck 1955
Guhl, Klaus-Dieter, Haschbuch: stoned, Berlin 1970
Guttenberg, Karl Theodor Freiherr zu, Im Interesse der Freiheit, Stuttgart 1971
Haas, Willy (Hrsg.), Zeitgemäßes aus der Literarischen Welt von 1925—1932, Stuttgart 1963
Heine, Heinrich, Sämtliche Werke, Hamburg 1867—69
Henne am Rhyn, Dr. Otto, Kulturgeschichte des deutschen Volkes, Berlin 1886
Hirtenbriefe des deutschen Episkopat 1933, Paderborn 1933
Honegger, J. J., Grundsteine einer Allgemeinen Cultur-Geschichte der Neuesten Zeit, Leipzig 1868—74
Jacobs, Paul, und Landau, Saul, Die neue Linke in den USA, München 1969
Kant, Immanuel, Critik der praktischen Vernunft, Riga 1792
Kant, Immanuel, Critik der reinen Vernunft, Frankfurt 1791
Kant, Immanuel, Grundlegung zur Metaphysik der Sitten, Hamburg 1965
Knaurs Jugendlexikon, München 1970
Kogon, Eugen, Die unvollendete Erneuerung, Frankfurt 1964
Leep, Hans Jürgen (Hrsgb.), Der Bund, Wuppertal 1949
Lenin, W. J., Was tun?, Berlin 1970
Lewytzkyi, Borys, Die rote Inquisition, Frankfurt 1967
Mann, Thomas, Betrachtungen eines Unpolitischen, Frankfurt 1919
Mannhardt, Johann Wilhelm, Politik und Hochschule, in Deutsche Rundschau, Berlin 1946
Molnar, Thomas, Kampf und Untergang der Intellektuellen, München 1966
Montesquieu, Charles de, Gesetze und Prinzipien der Politik, Fribourg 1949
Müller-Freienfels, Richard, Persönlichkeit und Weltanschauung, Berlin 1919
Proß, Harry, Dialektik der Restauration, Olten 1965
Reich, Wilhelm, Charakteranalyse, Selbstverlag 1933
Reich, Wilhelm, Massenpsychologie des Faschismus, o. O. 1971
Schallück, Paul (Hrsg.), Deutschland — Kulturelle Entwicklung seit 1945, München 1969
Schelsky, H., Mensch und Menschlichkeit, Stuttgart 1950
Schmidt, Julian, Geschichte des geistigen Lebens in Deutschland, Leipzig 1862—64
Schumpeter, Joseph Alois, Capitalism, Socialism and Democracy, New York 1942
Spengler, Oswald, Der Mensch und die Technik, München 1931
Spengler, Oswald, Jahre der Entscheidung, München 1933
Spengler, Oswald, Untergang des Abendlandes, München 1922—23
Stieglitz, Heinrich, Der soziale Auftrag der freien Berufe, Köln 1960
Tucholsky, Kurt, Deutschland, Deutschland über alles, Berlin 1929
Unsere Zeit, Leipzig 1868
Vischer, Friedrich Theodor, Altes und Neues, Stuttgart 1889
Voltaire, Aus dem Philosophischen Wörterbuch, Frankfurt 1967
Weddigen, P. F., Westphälisches Magazin zur Geographie, Historie und Statistik, Bielefeld 1786
Woche, Die, Berlin 1928
Zeit, Die, Hamburg, 6/1966
Zimmermann, Ritter v., Über Friedr. d. Gr. u. meine Unterredungen mit ihm kurz vor seinem Tode, Leipzig. 1788

INHALT

Sie machen sich keinen Begriff! 3

Die Zerstörung der Kunst 4

Anfang vom Ende 11

Sexuelle Enthemmung dient der Zersetzung 17

Erziehung zum Ungehorsam 23

Sind Intellektuelle unsere Intelligenz? 29

Totengräber der Gesellschaft 36

Intelligenz verrät die Freiheit nicht 43

Die Persönlichkeit wirkt aus sich selbst 49

Die Persönlichkeit und ihr Affe 55

Hellene oder Nazarener? 62

Nie wieder Krieg, führt Klassenkampf! 69

Vom Wiederabbau Deutschlands 76

Kreuz und Sichel 84

Die Intellektuellen in Amerika 93

Sowjetunion vor der Krise 100

Brauchen wir Intellektuelle? 107

Namen- und Sachregister 108

Quellenverzeichnis 111